Z+Z 智能教育平台普及丛书

张景中　主编

超级画板帮你学数学之图形与变换

左传波　著

科学出版社

北京

内 容 简 介

高度的抽象性是数学的特征，也是数学的魅力之处．例如我们说，三角形的内角和为 180°，实际上指的是：所有三角形的内角和为 180°，而不需要一一去测量和验证．但是，数学的抽象性使当前的数学教育面临着前所未有的危机．

教育的目的不是择优录取，而是培养兴趣．因此，应该为学生学习数学提供更好的环境，开发更好的工具，研制更好的教材，而不是将"厌恶数学、远离数学"的现象推脱于学生自身．

这一系列小册子以动态几何软件"Z+Z 超级画板"为平台，为学生提供了动手学习数学、动手研究数学以及动手开展数学创作的环境．以技术为手段，帮助学生理解数学的本质，提高学生运用数学的能力，增加学生学习数学的兴趣．

本书可作为在校学生的校本教材，也可以作为青少年通过了解数学文化、学习数学知识、研究数学问题以及开展数学创作的科普材料．

图书在版编目（CIP）数据

超级画板帮你学数学之图形与变换 / 左传波著．—北京：科学出版社，2011

（Z+Z 智能教育平台普及丛书 / 张景中主编）

ISBN 978-7-03-029941-3

Ⅰ.①超… Ⅱ.①左… Ⅲ.①数学课-计算机辅助教学-应用软件-中学-升学参考资料　Ⅳ. G633.603

中国版本图书馆 CIP 数据核字（2011）第 003263 号

责任编辑：李　敏　赵　鹏 / 责任校对：刘小梅
责任印制：徐晓晨 / 封面设计：陈　敬

科学出版社 出版
北京东黄城根北街 16 号
邮政编码：100717
http://www.sciencep.com

北京教图印刷有限公司 印刷
科学出版社发行　各地新华书店经销

*

2011 年 2 月第 一 版　开本：787×1092 1/16
2017 年 4 月第三次印刷　印张：6 3/4
字数：141 000

定价：48.00 元
（如有印装质量问题，我社负责调换）

《Z+Z 智能教育平台普及丛书》编写委员会

主　编　张景中

副主编　左传波

编　委　张景中　　王鹏远　　李传中

　　　　　　左传波　　饶永生　　周传高

本书软件系统设计　李传中　张景中

本书软件程序编写　李传中　陈天翔

丛书序

编写这套丛书，是想让老师们和同学们能够更方便地使用《Z+Z超级画板》.

为了教学或学习，要做各种具体的事情．这些事情当中，有不少是机械性、重复性的劳动．

例如，几何作图、描点画曲线、作统计表和统计图、繁琐的计算以及书写公式等．这些工作交给计算机来做，可以事半功倍，有利于腾出更多的时间和精力投入更具创造性的活动．

还有些事情，不用计算机几乎不能做．例如，画一个旋转的立方体，让变动的点、线、圆留下轨迹，对变化的几何量实时测量，把13自乘1000次等．安排计算机做这些，有利于在教学或学习中把某些问题表现得更清楚、理解得更透彻．

简单来说，使用计算机的好处至少有两条：一条是减轻负担，一条是提高兴趣．对老师们来说主要是减轻负担，对同学们来说主要是提高兴趣．

使用计算机做事，离不开软件．有很多软件可以做上面说的这些事．例如，作动态几何图形的软件、画函数曲线的软件、造统计表的软件、进行计算或公式排版的软件等．但是，软件多了，学起来就要花更多的力气，用起来切换麻烦，还有兼容问题．常常听老师们说，要有一种多功能的教学工具软件就好了．

这套丛书里说的《Z+Z超级画板》，就是这种多功能的教学工具软件．买生活必需品上超级市场，应有尽有；在教学活动中用超级画板，得心应手，左右逢源．超级画板的"超级"之意，就是比照超级市场而来．至于"Z+Z"，则是"知识+智慧"的意思．

也就是说，这是一款知识性和智能性相结合的、多功能的教学软件．目前的版本，特别适合数学和物理学科的教学和学习．

超级画板的功能很多，用户手册就接近300页．但它毕竟是个工具，就像黑板、粉笔、直尺、圆规、三角板一样．根据您的工作需要，先用它最常用、最好用的功能.

使用超级画板这样的软件，又好像下象棋、下围棋，上手入门十分容易，成为高手往往要经过辛勤劳动. 有些对计算机还不熟悉的老师问我，现在都知道课程要和信息技术整合，但如何具体做起来呢？我的建议是尽快动手使用信息技术，由浅入深，分下面四个层次来做：

第一个层次，是改变工具、减轻劳动.

这是初步的简单应用. 自己的教学经验和特长要保持、要发挥. 原来怎样上课、备课现在仍然保持自己的习惯和套路. 但是想一想，有没有一些事情用计算机作起来更省力、省事、省时间呢？用计算机画一些比较复杂的图形总比用粉笔在黑板上画方便吧？用计算机写教案、修改、引用总要方便些吧？用计算机作计算或书写推导公式总要快捷准确些吧？有条件，在网上布置作业答疑就更便利了. 这些工作，本来也能做，用了新技术能够做得更快、更方便，好像用圆珠笔代替毛笔一样. 学习新的工具要花时间精力，但学会了能减轻劳动，是值得的. 例如，学会用超级画板作几何图形和函数曲线只要十几分钟甚至几分钟，这样一本万利的事何乐而不为呢.

第二个层次，叫做现场发挥、梦想成真.

过去，在教学过程中常有一些想象或虚拟的比方，但实际上做不到. 例如，在黑板上画一个圆内接正多边形，说如果正多边形的边数越来越多，它的面积和周长就越来越接近圆的面积和周长. 用了超级画板，画一个边数会逐步增加的正多边形是轻而易举的事. 又如，让几何图形和函数图像随参数变化，让运动的图形留下踪迹，让统计图表跟着数据变化……许多过去想到做不到的事，现在都可以在教学现场即兴发挥，随意操作. 另外，"电子黑板"上写的、画的东西会自动被储存，根据教学需要随意隐藏、显示或改变颜色和大小位置，这都是过去想到做不到的，现在是家常便饭了.

第三个层次，进行建设资源设计创作.

随着对超级画板操作的熟悉，受同行所做课件的启发，更多地吸取或总结了别人或自己的经验，就会产生创新的愿望和灵感. 原来想不到的知识表现方式，现在可以设计出来了. 使用超级画板，可以制作引人入胜的动画，设计游戏式的课件和学件，使用自动解题、交互解题、几何图形的信息搜索、编程、迭代等智能性更高的功能建设教学资源，推出创新的成果. 在这套丛书中，有不少内容来自于教学一线老师的创造.

第四个层次，达到教学模式推陈出新的境界.

教学资源丰富了，对信息技术运用自如了，备课方法、讲授方法、学习方法、教学组织会自然地发生变化. 例如，学生看到老师在课堂上运用自如地作图计算推导，看到老师创作的引人入胜的动画，就会产生自己动手试一试的强烈愿望．如果有条件，最好组织学生自己动手在教师指导下探索、试验，尝试开展研究性的学习．由于信息技术的介入，会使学生全身心地投入到教学活动之中，对课程内容产生浓厚的兴趣．在这方面，有些老师已经作了成功的探索，本丛书中相当多的篇幅，就来自他们的亲身体会．

如果这套丛书能帮读者实现上述几个层次的提升，从减轻负担到增长兴趣再到创新发展，编著者的辛劳，就是得到了最好的回报．

我们还希望，这套丛书不仅是老师们和同学们的参考读物，也是大家创造性地教学与学习活动的园地和平台．希望大家在阅读使用中对它的内容和形式多多提出批评指正，对《Z+Z超级画板》软件多多提出改进意见，使软件和丛书变得更实用、更丰富，共同为中国的教育信息化贡献我们的力量．

2004 年 8 月

前 言

技术注入新活力

我们学习几何体和几何图形的时候,不是研究它们的颜色或材料,而是首先从形状上进行分类,例如图 1 中都是正方体,图 2 中都是三角形. 在图 1 中,三个物体大小不同,但它们都有六个面并且每个面都是正方形,所以都是正方体;在图 2 中,它们都是由三条线段围成的图形,虽然角度和边长各不相同,但都称作三角形.

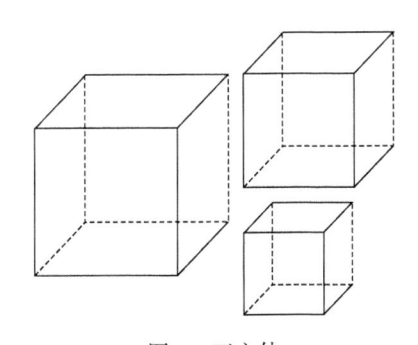

图 1　正方体 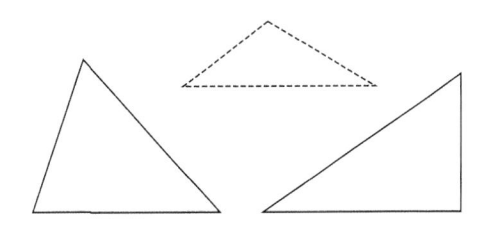　　　　　　　图 2　三角形

数学就是这样:它只关注图形的性质以及图形之间的关系,如两条直线是否平行、两个夹角是否相等、两个点是否重合等,而不关心线段粗细、画线颜色等问题. 因此,数学研究的对象具有一定的抽象性.

正是因为数学的抽象性,它所研究的对象往往不是某一个具体的. 例如:

"三角形的内角和为 180°"实际上指的是"所有三角形的内角和均为 180°"或者说"任意三角形的内角和都是 180°".

我们不可能画出所有形状的三角形,更不可能对它们的内角一一测量,然后进行加法运算. 但是,我们却需要掌握所有三角形都拥有的这条性质:内角和为 180°.

这就是:任意变化的三角形中,不变的数学性质!

这就是数学的魅力：对于任何人在黑板上画出的任意三角形，不需要测量我们就知道它的内角和一定为180°！

但数学的抽象性同时也给很多同学的学习上带来了障碍，从而让数学变得难懂、难学．

为了突破这种障碍，世界各地的数学家和教育家们从20世纪90年代开始逐步研发出了一种叫做"动态几何系统"的软件．在动态几何系统中作出的图形，可以随意移动、拉伸或者旋转，而图形之间的性质始终保持不变，相等还是相等、垂直还是垂直、平行还是平行，等等．在动态几何系统中，图形通过运动可以帮助我们直观地理解抽象的数学概念，从而让数学变得更容易学习．

事实上，图形一旦动起来，我们就会发现数学变得比以前更好玩了，数学变得比以前更有挑战性了；图形一旦动起来，我们研究数学、探索问题、学习数学的兴趣和积极性就被大大激发起来了．

例如，可以先思考生活中这样一个简单的问题：滚动的车轮边沿上一点经过的路径是一条什么形状的曲线呢？如图3所示．是圆弧吗？是半个椭圆吗？还是其他什么图形？看来，简单的问题也可以变得具有挑战性．

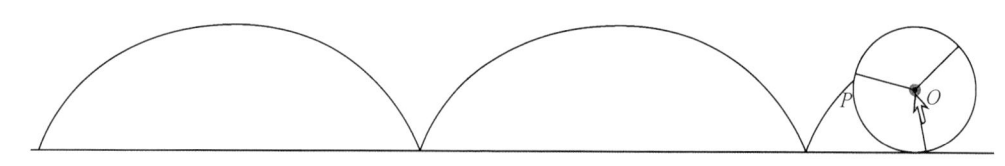

图3 在动态几何软件"Z+Z超级画板"得到的实验结果

除此之外，我们还可以利用动态几何系统进行设计和创作．我们把利用动态几何软件创作的作品叫做数理动漫作品．我们平时所看到动漫作品（俗称动画片）是由许多预先制作好的静止画面组成的，数理动漫作品的不同在于，它能够动起来是因为对象之间的逻辑关系，牵一发而全动．它的魅力在于未来是确定的，却不可预知．

《超级画板帮你学数学》这套小册子就是为了带领大家利用动态几何软件——Z+Z超级画板进行数学学习、数学探索、数学研究和数学创作活动而编写．

如何使用这本书

本书所提到的"Z+Z超级画板"软件以及与本书配套的资源（以 .zjz 结尾的文件）均可以在网站 www.zplusz.org 下载，或者联系 chbzuo@yahoo.com.cn 咨询．

作　者
2010年11月12日 于桂花岗

目 录

丛书序
前言
第一章　轻松绘制点线圆 ··· 1
第二章　拖动试试规律现 ··· 4
第三章　漂亮小鸡爱美丽 ··· 8
第四章　镜子内外行动齐 ·· 11
第五章　千姿百态万花筒 ·· 14
第六章　请找对称在哪里 ·· 18
第七章　公鸡排列真整齐 ·· 21
第八章　位置如何算平移 ·· 24
第九章　利用平移能说理 ·· 28
第十章　平移图案得镶嵌 ·· 32
第十一章　图案平移又旋转 ·· 36
第十二章　各种各样的角度 ·· 39
第十三章　角度大小看圆弧 ·· 42
第十四章　旋转可得靓图案 ·· 45
第十五章　旋转半周谓对称 ·· 48
第十六章　利用旋转说面积 ·· 52
第十七章　镶嵌还需用旋转 ·· 57
第十八章　大小各异形状同 ·· 64
第十九章　究竟何谓相似形 ·· 66
第二十章　搭建美丽圣诞树 ·· 70
第二十一章　放缩变换得位似 ·· 73
第二十二章　位置无关构造异 ·· 77
第二十三章　多少才能填充满 ·· 82
第二十四章　圆形压缩得椭圆 ·· 85
第二十五章　几何变换代数析 ·· 88
第二十六章　还有挑战等着你 ·· 93

第一章 轻松绘制点线圆

我们在小学和中学阶段所接触到的几何知识，大多属于欧几里得几何，简称欧氏几何．欧氏几何中的基本图形是：点、线、圆．

启动超级画板；单击工具条中的"画笔"工具 ，进入画图状态．这时就像拿起了一支笔，可以通过操作鼠标在作图区绘制几何图形了．

在任意位置单击鼠标，就可以作出一个点．同时计算机会自动给它取个名字，如 A．

将光标移动到其他位置，单击鼠标并按住鼠标拖动一段距离，然后松开就可以画出一条线段．这条线段有两个端点，分别是起点 B 和终点 C. 可以发现，在超级画板中画点、画线段的操作方式与我们在纸上画图的习惯相同．

再把鼠标移动到其他位置，单击鼠标右键并按住拖动一段距离后松开，就可以画出一个圆．可以看到，单击鼠标右键时确定了圆心的位置，松开鼠标时确定了圆的半径大小，如图 1-1 所示．

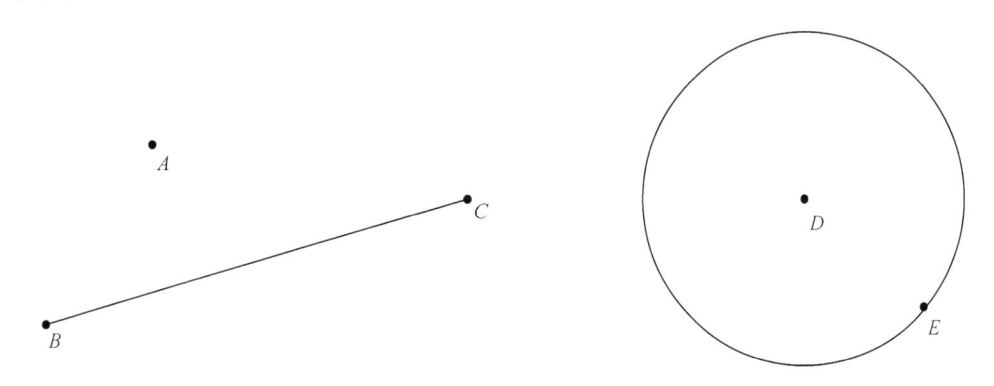

图 1-1 利用画笔直接绘制的点、线、圆

单击"选择"工具 ，就回到了"选择"状态，这就表示放下了画笔．接下来就可以自由地选择、拖动之前所绘制的几何图形了，否则在"画笔"状态下会把作图区画得乱七八糟，就像不能拿着笔在纸上随便指指点点一样．

移动光标到点 A 的位置时，点 A 会变为红色，这时单击鼠标就选中了它．然后按住鼠标并拖动就可以移动点 A 的位置，松开鼠标就可以把它释放．请你也拖动一下其他点，可以发现它们都可以任意拖动．这些能够被任意拖动的点叫做自由点，也叫做完全自由点．

当拖动点 B 或者点 C 时，线段 BC 的长度会发生改变，与水平方向的夹角也会发生改变，这是因为线段 BC 完全是由端点 B 和端点 C 所控制．若不拖动点 B 和点 C，线段

BC 的长度和与水平方向的夹角都不会改变. 可以做以下实验:移动光标到线段 BC 上,当 BC 变为红色,单击鼠标就可以选中它,然后按住鼠标并拖动就可以平移线段 BC,如图 1-2 所示,但它的长度和方向始终保持不变. 当然,在这个过程中点 B 和点 C 的也会随着线段 BC 一起移动.

当拖动点 E 时,会改变圆 D 的半径;当拖动点 D 时,会改变圆 D 的圆心位置,同时因为改变了点 D 与点 E 之间的距离,也会改变圆 D 的半径. 当然,若不拖动点 E 和点 D,则圆 D 的半径大小不会改变. 可以做类似的实验:移动光标到圆 D 的圆周上,当圆周变为红色,单击鼠标并按住拖动就可以平移圆 D,如图 1-3 所示,但它的半径始终保持不变. 同样,在这个过程中,点 D 和点 E 也一起移动.

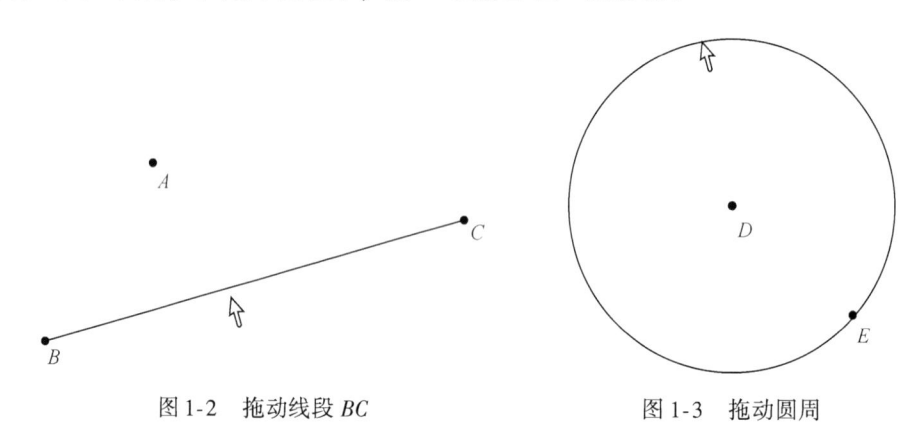

图 1-2 拖动线段 BC 图 1-3 拖动圆周

单击"画笔"工具,重新进入画图状态.

鼠标指向线段 BC 时,BC 会变为红色,这时单击鼠标就可以作出线段 BC 上的点,如点 F;单击点 A 并按住鼠标拖动到点 F 后松开鼠标,就可以连接线段 AF.

鼠标指向线段 AF 中点的附近位置时,如图 1-4 所示,光标右侧会出现"中点"提示,这时单击鼠标就可以作出线段 AF 的中点,如点 G.

这表明计算机会"察言观色",懂得我们的操作意图. 这是因为,软件设计者在开发软件的过程中将人类的智慧与经验"教"给了计算机,使它更加人性化、智能化. 因此,超级画板中的"画笔"也被称作"智能画笔".

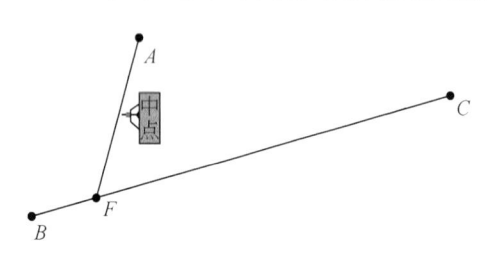

图 1-4 直接作出线段 AF 的中点

单击"选择"工具,再次返回选择状态.

拖动点 F,它的位置会发生改变,但它只能在 BC 上移动. 这种只能在规定的路径上被拖动的点,叫做半自由点. 类似的半自由点还有圆上的点、多边形边界上的点、曲线上的点等. 因为这种点是沿着某种路径有规律地运动,所以通过它能够研究与其相关对象的运动规律,因此这种类型的点在动态几何中非常重要.

拖动点 F,可以发现当它被拖动时,点 A 和点 F 会同时被拖动. 这种由其他对象确定位置的点，叫做不自由点，或者约束点．类似的约束点还有垂足，交点，三角形的内心、外心、重心与垂心等．这种点因为其他点的运动而运动，所以常常被当作研究的主要对象，或者观察它的变化规律，或者探索它的轨迹曲线．

思考与练习

（1）点 F 在线段 BC 上运动的过程中，AF 的中点 G 经过的路径是什么形状的图形？选择点 G，单击工具条中的"跟踪"命令，可以帮助你观察点 G 经过的路径．

（2）当点 F 在线段 BC 上运动的过程中，线段 AF 的长度会如何变化？是否有最大值和最小值？何时最短？何时最长？选择线段 AF，单击工具中的"长度"命令，可以得到线段 AF 的长度测量结果．

（3）若将"线段 BC"更改为"直线 BC"，上述（1）、（2）问题中的结论会发生变化吗？将"线段 BC"更改为"直线 BC"的方式是：在"选择"状态下，双击 BC，即可打开它的属性对话框，如图 1-5 所示，将直线的类型由"线段"修改为"直线"，然后单击"确定"按钮即可完成．

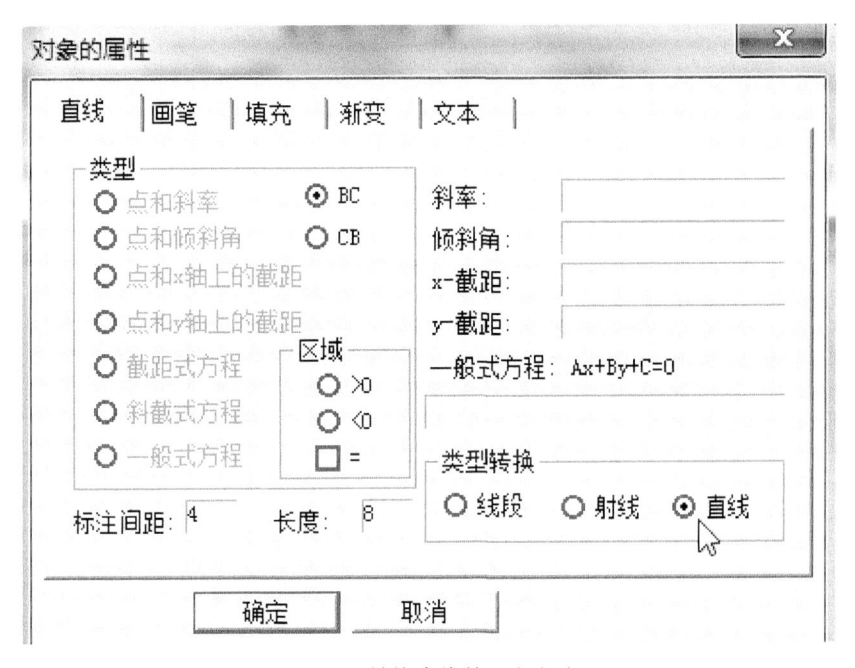

图 1-5 转换直线的现实方式

第二章 拖动试试规律现

单击"画笔"工具 ![pen]，进入画图状态．

单击鼠标右键，并按住拖动画出一个圆 A．

移动光标到圆周上，如图 2-1 所示，当圆变为红色时，单击鼠标作出圆上的点 C；重复类似操作作出圆上的另外一个点 D．

光标指向点 C，右键单击鼠标并按住拖动到点 D 上，当点 D 变为红色提示时，如图 2-2 所示，松开鼠标作出以点 C 为圆心、过点 D 的圆．画出了新的圆，却并没有增加新的点，这是因为圆 C 经过的是已经存在的点：D．

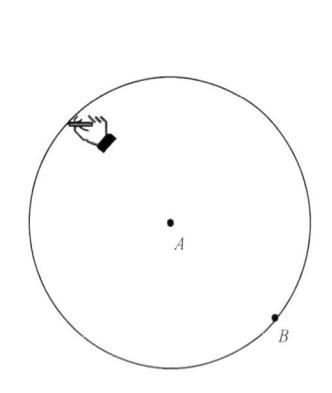

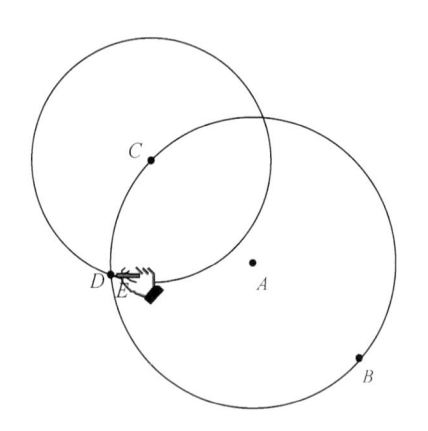

图 2-1 作出圆周上的点　　　　图 2-2 以点 C 为圆心、经过点 D 的圆

单击"选择"工具 ![arrow]，返回选择状态．

移动光标到圆 C 的圆周上，当圆周变为红色时，单击鼠标就可以选择圆 C 的圆周（以后我们将"选择圆 C 的圆周"简称为"选择圆 C"）；单击工具条中"画线颜色"工具 ![brush] 右侧的 ▼，就可以打开调色板，如图 2-3 所示，例如将圆周 C 设置为红色，结果如图 2-4 所示．

在点 D 在圆 A 上运动的过程中，圆 C 如何变化？拖动点 D，验证你的猜想．

除此之外，我们还可以通过跟踪圆 C，比较和研究圆 C 的变化规律，操作是：

选择圆 C，单击工具条中的"跟踪"命令．然后拖动点 D，就可以观察到跟踪圆 C 得到的跟踪踪迹，如图 2-5 所示．

图 2-3　通过调色板设置画线颜色 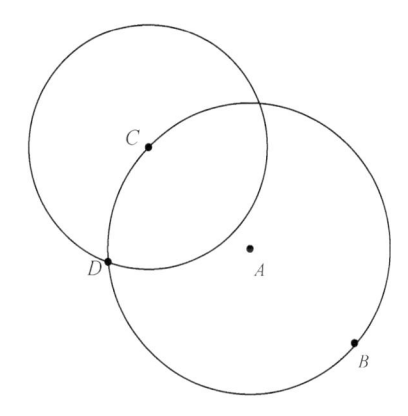　　　　图 2-4　圆 C 的圆周被设置为红色

对象的跟踪踪迹，就像人在雪地上走路所留下的脚印一样：只能被看到而无法被捡起，并且风一吹就消失了. 所以跟踪对象在作图区无法被选中，并且在作图区单击一下鼠标跟踪踪迹就不见了.

不过，我们可以在左边的对象工作区中选中跟踪对象，如图 2-6 所示，并且通过"画线颜色"工具设置它的颜色，如海绿色.

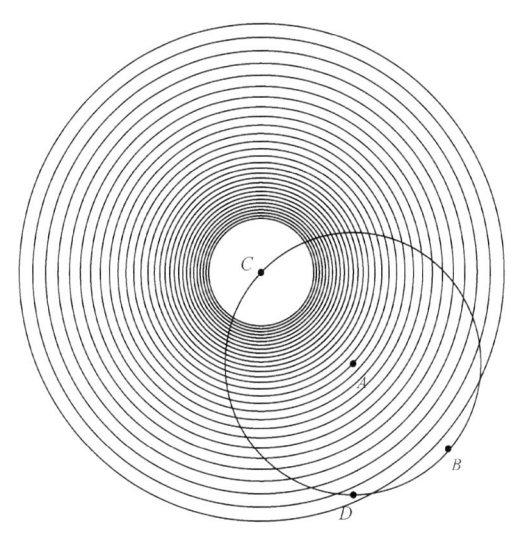

图 2-5　跟踪圆 C 得到的踪迹 　　　　图 2-6　在对象工作区中选中跟踪对象

在作图区中我们所绘制和增加的任何对象，在左边的对象工作区中都"记了一笔账". 也就是说，左边对象工作区中的列表对应于右边作图中的对象. 并且每个对象前面都有一个带勾"√"的方框"☑"，这个方框是控制它显示和隐藏的开关；例如用鼠标单击点 B 前的方框，勾"√"消失，同时作图区中点 B 被隐藏；鼠标再次单击点 B 前的方框，勾"√"重新出现，同时作图区中点 B 又重新出现.

事实上，在作图区中不容易选择的任何对象都可以通过左边的对象工作区轻松地选定！例如，不需要坐标系的时候，可以单击"对象组：坐标系"前的方框，将坐标系从作图区中隐藏.

下面继续研究这个图形中的一些问题.

点 C 在圆 A 上运动的过程中，圆 C 又如何变化呢？

拖动点 C 可以观察到，如图 2-7 所示，当点 C 在圆 A 上运动的过程中，圆 C 的圆心和半径都在变化，而其经过点 D 的性质始终保持不变.

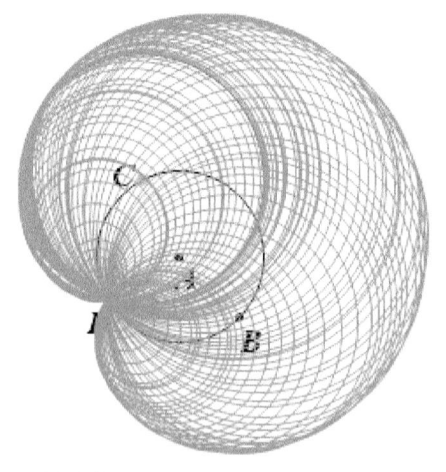

图 2-7 拖动点 C 的过程中跟踪圆 C 得到的跟踪踪迹

可以发现，所有对象都被圆 C 的跟踪踪迹遮挡住了，看起来不那么美观．就像左边对象列表中所显示的那样：刚开始绘制的对象在列表的上方，后来绘制的对象在列表的下方，依次编排；类似地，在对象列表上方的对象在作图区的"内侧"，在列表下方的对象在作图区的"外侧"．

作图区内侧的对象会被外侧的对象遮挡．但，不同对象之间的前后或内外关系可以重新布置．例如，在对象工作区中选择圆 C 的跟踪对象，单击工具条中的"后移"命令，则圆 C 的跟踪踪迹会被移动到作图区的最内侧，如图 2-8 所示，在对象列表中对应为最上方，如图 2-9 所示．

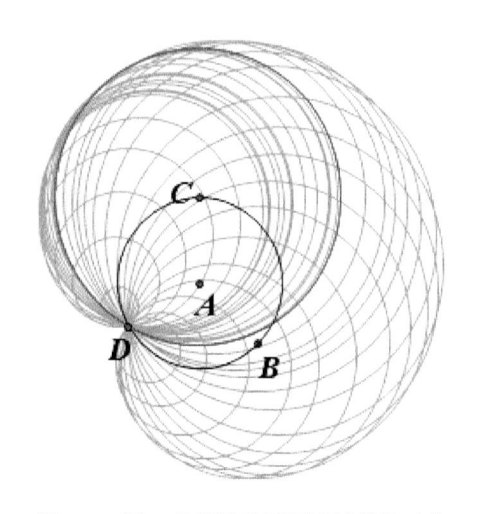

图 2-8 圆 C 的跟踪迹不再遮挡其他对象    图 2-9 圆 C 的跟踪被移到了最上方

在通过鼠标拖动圆上的点 C 的过程中，用力不均匀会导致点 C 的运动速度大小不同，因而得到的跟踪图像显得有些紊乱．若增加一个点 C 的动画按钮，就可以让点 C 自动地、均匀地在圆 A 上运动．操作如下：

选择点 C，单击工具条中的"动画"命令，结果弹出一个动画设置对话框，在这里我们可以暂时不去理会对话框中每个选项的意义，而是直接单击"确定"按钮完成．

单击点 C 的动画按钮（左侧）就可以启动点 C 的动画，结果如图 2-10 所示，得到均匀的跟踪踪迹；再次单击动画按钮（左侧）就可以停止动画．需要注意的是：在进行其他任何操作之前，一定要先停止动画．

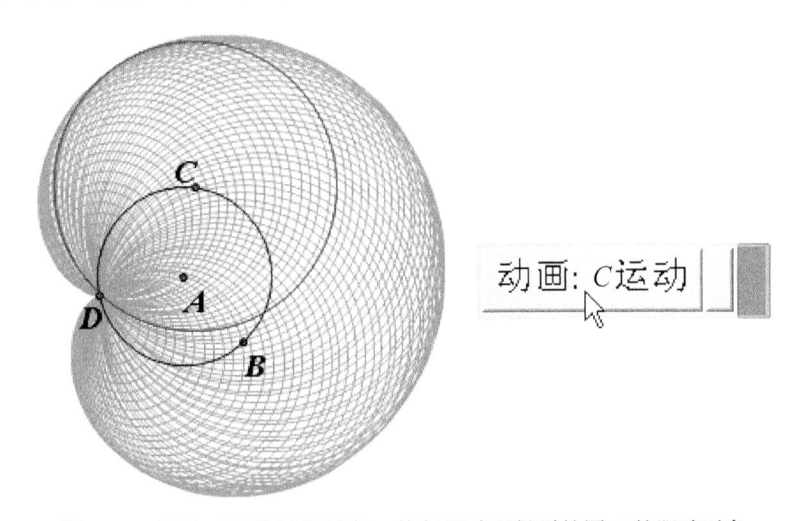

图 2-10　通过动画按钮控制点 C 均匀运动而得到的圆 C 的跟踪对象

思考与练习

（1）点 C 的运动带动了圆 C 的改变，这种圆扫描过的区域叫做圆的包络．圆 C 的包络是一个什么形状的区域？你能说出它的哪些特点？你能给它取个名字吗？

（2）改变点 D 在圆 A 上的位置，然后通过动画按钮重新得到圆 C 的包络．点 D 的位置对圆 C 的包络有哪些影响？点 B 和点 A 呢？

第三章　漂亮小鸡爱美丽

漂亮小鸡爱美丽，经常喜欢照镜子．

你能画出一只可爱的小鸡，并满足它喜欢照镜子的愿望吗？

先让我们动手画一只的小鸡．

单击"画笔"工具，进入画图状态．

单击鼠标右键，并按住拖动一段距离后松开，作出以点 A 为圆心、经过点 B 的圆．就将这个圆 A 当作小鸡的身躯．

画出任意线段 BC；在圆 A 上任取一点 D 并画线段 DE．将线段 BC 和 DE 当作小鸡的两只脚．

在圆 A 之外右键单击鼠标，并按住拖动到圆 A 上之后松开，作出以点 F 为圆心、经过点 G 的圆，其中点 G 在圆 A 上．可以将圆 F 当作小鸡的头部．

在圆 F 上任取两点 H、I，在圆 F 外任取一点 J．将点 H、点 I 和点 J 所在的多边形当作小鸡的嘴部，结果如图 3-1 所示．

单击"选择"工具，返回选择状态．

按住 Ctrl 键，分别单击点 H、点 I 和点 J（就可以将它们同时选中），单击工具条中的"多边形"工具，作出多边形 HIJ．

单击多边形 HIJ 内部将其选中，单击工具条中"填充颜色"工具 右侧的 ，就可以打开调色板，如将多边形 HIJ 内部填充为红色．

选择圆 A，单击工具条中"填充颜色"工具 右侧的 ，就可以打开调色板，例如将圆 A 的内部填充为浅黄色．重复类似操作，将圆 F 的内部填充为浅黄色（图 3-2）．

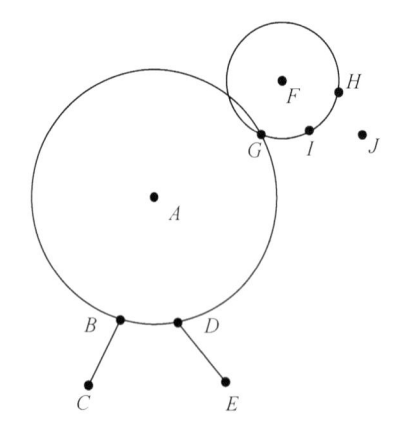

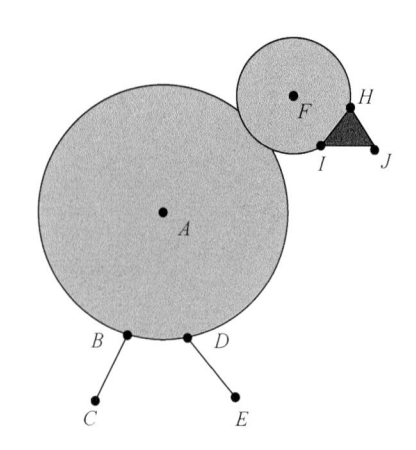

图 3-1　小鸡的身体结构　　　　图 3-2　被涂了颜色的小鸡

选择圆 A，单击工具条中的"后移"命令，将其移动到最后面；选择圆 F，单击"后移"命令，将其移动到最后面．想一想、看一看，究竟现在谁在最后面？

然后在小鸡面前竖起一面镜子．

单击"画笔"工具，进入绘图状态．

在小鸡的前方分别单击鼠标两次，任意取两个点 K、L．

单击"选择"工具，重新返回选择状态．

双击点 K，可以将其名字修改为 M；重复类似操作将点 L 的名字修改为 N．

按住 Ctrl 键，连续单击点 M 和点 N（将它们同时选择），单击工具条中的"直线"工具，作出直线 MN．可以将直线 MN 当作小鸡前面的镜子．

画出镜子中的小鸡．

单击"对象"菜单下"设置新点的名字"命令，如图 3-3 所示，在弹出的用户对话框中输入 A，单击"确定"按钮完成．

图 3-3 重新设置新点的名字

按住 Ctrl 键，按照顺序依次单击直线 MN、圆 F、圆 A、点 A、点 B、点 C、线段 BC、点 D、点 E、线段 DE、点 F、点 G、点 H、点 I、点 J 和多边形 HIJ，单击工具条中的"反射"命令，结果得到了镜子中的小鸡，如图 3-4 所示．

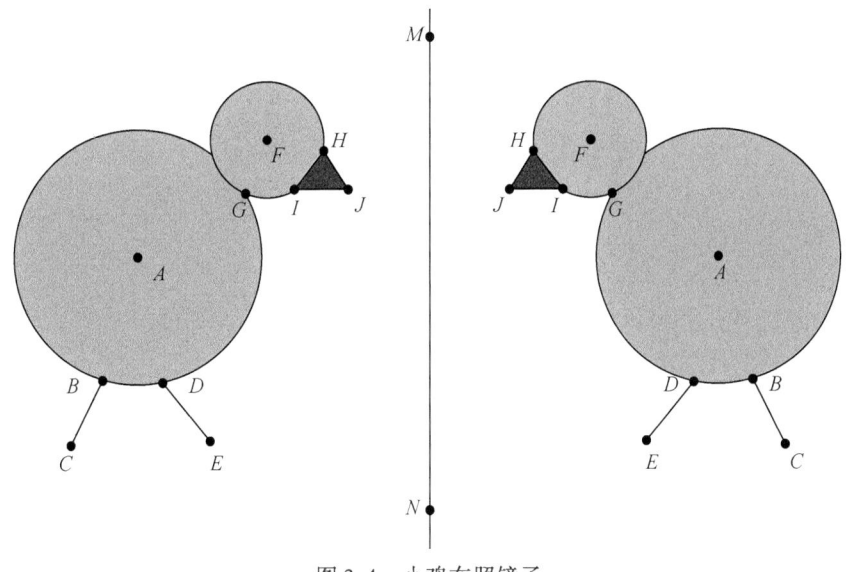

图 3-4 小鸡在照镜子

同时选择小鸡的眼睛对应的点 F 和镜子中的点 F，单击工具条中的放大工具，可以将小鸡的眼睛变大些.

单击工具条中的"名字"命令，可以把所有点的名字隐藏.

可以通过拖动小鸡身上各部分对应的点以实现：让它抬抬脚、低低头、翘翘嘴巴或者转转身，看看镜子中的小鸡有什么变化？如图 3-5 所示.

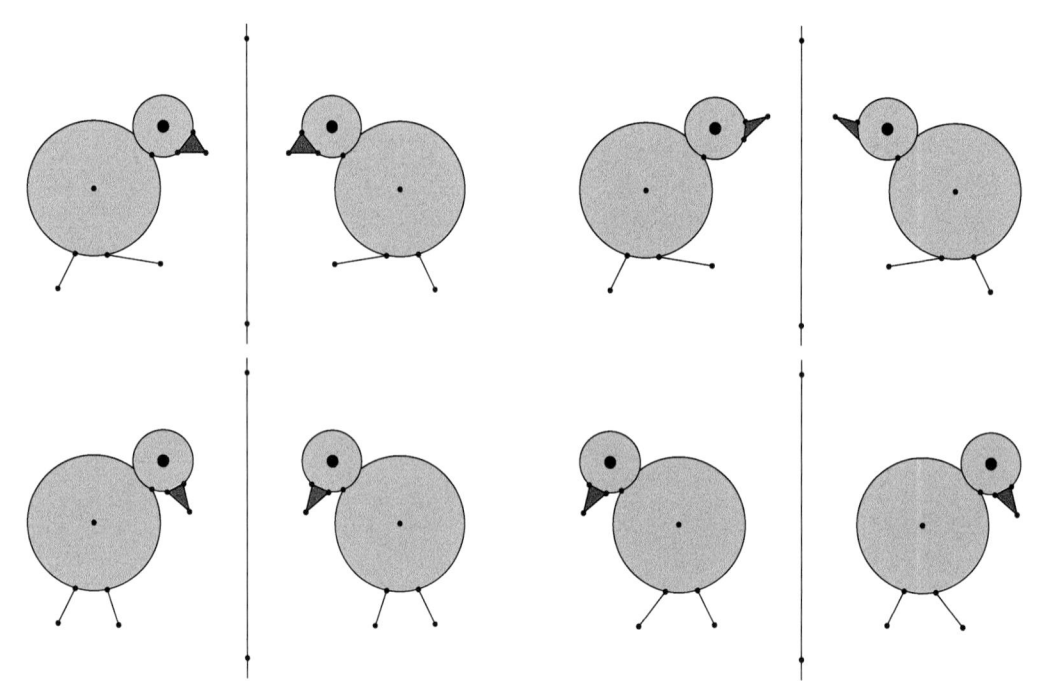

图 3-5 小鸡在看镜子里的自己

思考与练习

（1）在小鸡在镜子面前玩耍的过程中，镜子里的小鸡在干什么？

（2）在小鸡朝着镜子前进一步的过程中，镜子里面的小鸡朝镜子的哪个方向运动了？运动了多少步？小鸡与镜子里面的自己之间的距离是减少了还是增加了？它们之间的距离变化了多少步？

（3）在小鸡朝着镜子后退一步的过程中，镜子里面的小鸡朝镜子的哪个方向运动了？运动了多少步？小鸡与镜子里面的自己之间的距离是减少了还是增加了？它们之间的距离变化了多少步？

第四章　镜子内外行动齐

打开文件"04 – 照镜子的小鸡.zjz",单击工具条中的"名字"可以重新显示所有点的名字,为了方便下面叙述问题我们将镜子内点的名字都增加一个撇"′",如图4-1所示.

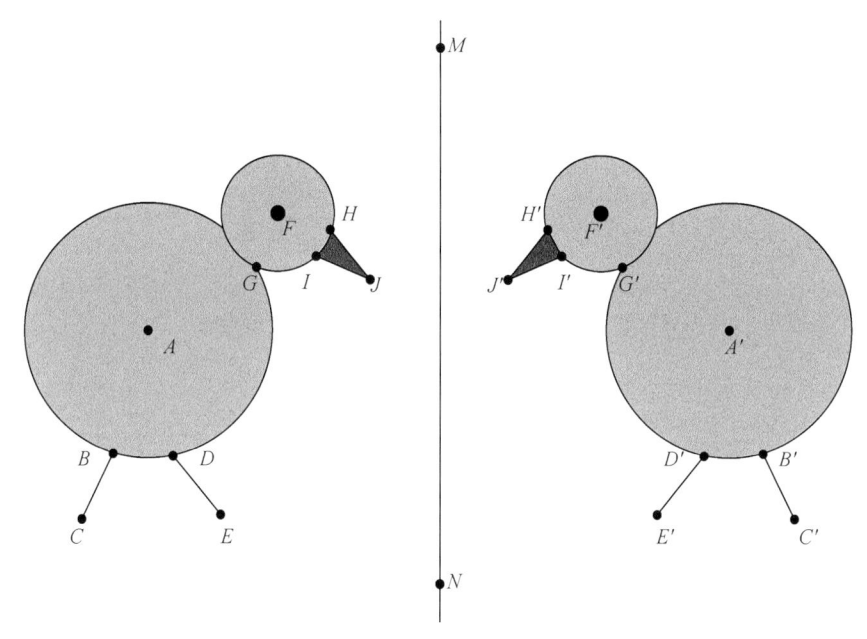

图4-1　小鸡和镜子里的自己就形成了轴对称图形

我们知道小鸡和它在镜子里的自己形成了轴对称图形,镜子 MN 就是这个轴对称图形的对称轴,或者说小鸡和镜子里的自己关于直线 MN 对称.

点 A 和点 A′、点 B 和点 B′、点 C 和点 C′,…,或者小鸡的任何部位和它在镜子里对应的点,是对称点.

那么,如图4-2所示,梯形 ABCD 是一个轴对称图形吗?

这时,也许利用肉眼无法作出判断.那么如何才能检验一个图形是不是轴对称图形呢?这就需要我们从数学的角度来研究和判断轴对称图形.

我们说小鸡和镜子里的自己到镜子的距离相等,实际上是指小鸡的每一个部位与它在镜子里对应的部位到镜子的距离都相等.差一点儿也不行!

在图4-1中,按住 Ctrl 键,依次选择小鸡上点 A、镜子对

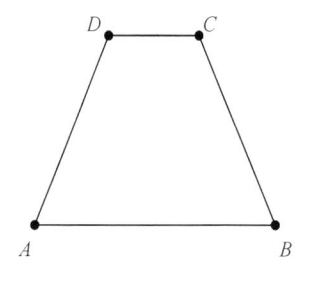

图4-2　梯形 ABCD

应的直线 MN，单击工具条中的"垂足"，就可以作出点 A 到直线 MN 的垂足 K，那么线段 AK 就是点 A 到镜子的距离．

单击"画笔"，连接点 K 和镜中的点 A′，作出线段 KA′；单击"选择"工具再返回到选择状态，如图 4-3 所示．

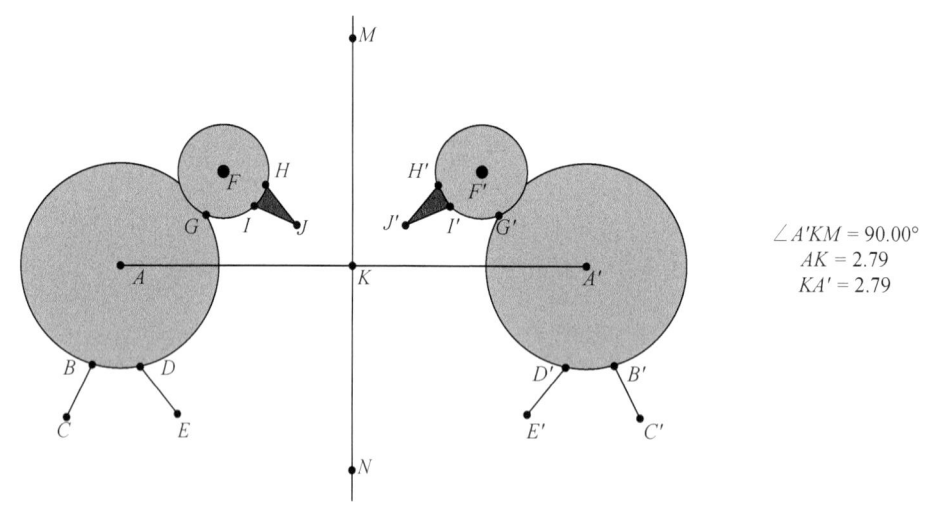

图 4-3 点 A 和它在镜中的像到镜子的距离相等

当镜子竖直放置时，线段 AK 就是水平的，那么线段 KA′ 也处于水平状态．所以线段 KA′ 与直线 MN 垂直，因此线段 KA′ 就是点 A′ 到镜面的距离，则有 AK = KA′．下面通过测量检验这些结论：

按住 Ctrl 键，依次选择点 A′、点 K 和点 M，单击工具条中的"角的值"，得到 ∠A′KM 的测量值．

按住 Ctrl 键，依次选择线段 AK 和线段 KA′，单击工具条中的"长度"，得到线段 AK 和线段 KA′ 的长度测量值．

可以拖动点 A 改变小鸡的形状或者小鸡距离镜子的距离，或者拖动点 M 使得镜子不再竖直放置，如图 4-4 所示，可以发现上述结论依然成立，总是有 ∠A′KM = 90° 并且 AK = KA′．

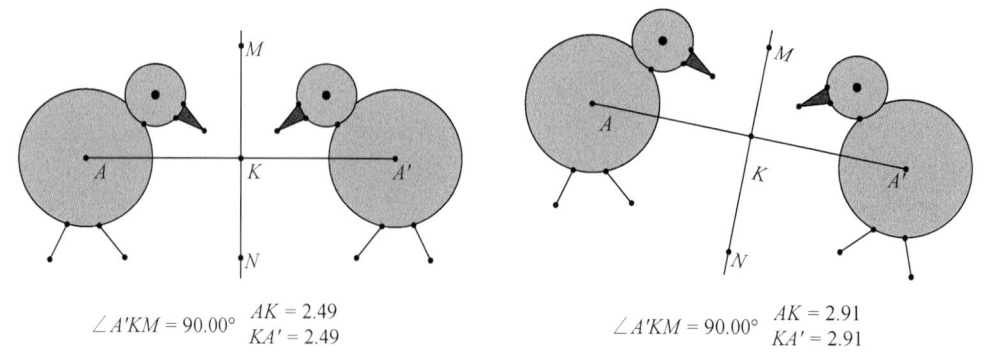

图 4-4 点 A 和它在镜中的像到镜子的距离始终相等

对小鸡其他位置的点进行类似的实验和研究，你会发现这个结论均成立：

小鸡身上的任何一点到镜子的距离，与它在镜子中的对应点到镜子的距离都相等．

因为 $AK\perp MN$ 并且 $KA'\perp MN$，所以线段 AK 和线段 KA' 在同一条直线上，也就是说点 K 经过点 A 与点 A' 之间的连线，或者说点 A、点 K 和点 A' 三点共线．

由此可以马上得到下面的结论：

小鸡上的任何一点与它在镜子中的对应点之间的连线，都被镜子垂直且平分．

现在让我们回到前面的问题：检验一下图 4-2 中的梯形是否为轴对称图形．

打开文件"04 – 梯形 ABCD.zjz"．

选择线段 AB，单击工具条中的"中点"命令，作出底边 AB 的中点 E．

按住 Ctrl 键，分别单击点 E 和线段 AB，单击工具条中的"垂线"，作出经过点 E 垂直于 AB 的直线，即线段 AB 的中垂线．

要检验梯形 $ABCD$ 是否为轴对称图形，接下来只需要检验点 C 和点 D 是否关于 AB 的中垂线对称即可，操作如下：

单击"画笔"工具，作出 AB 的中垂线与线段 CD 的交点 F．

单击"选择"工具，依次选择点 D、点 F，单击"长度"命令，得到线段 DF 的测量结果，重复类似操作测量线段 CF 的长度．结果如图 4-5 所示，你认为点 D 和点 C 关于 AB 的中垂线对称吗？那么 AB 的中垂线是梯形 $ABCD$ 的对称轴吗？

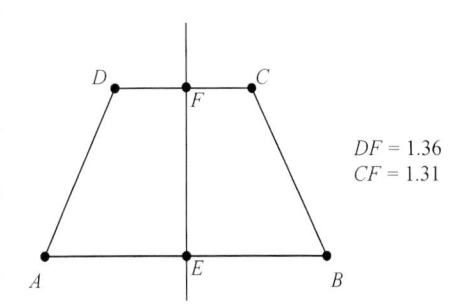

图 4-5 检验 AB 的中垂线是否为梯形 $ABCD$ 的对称轴

思考与练习

（1）我们知道梯形的性质是：上底边 CD 与下底边 AB 平行．因此，当 AB 处于水平状态时，CD 也处于水平状态．因为直线 EF 是下底边 AB 的中垂线，所以当 AB 处于水平状态时，直线 EF 就处于竖直状态，因此有上底边 CD 与直线 EF 也垂直．测量 $\angle EFD$ 的值，拖动点 A 或者点 B，观察和研究当 AB 不处于水平状态时是否还有线段 CD 与直线 EF 垂直．

（2）在梯形 $ABCD$ 中，若有腰 AD 等于腰 BC，则梯形 $ABCD$ 被称为等腰梯形．在超级画板中，选择任意的三个点，然后通过工具条上的"等腰梯形"命令就可以迅速构造一个等腰梯形．请你根据前面的步骤进行实验：当梯形 $ABCD$ 是等腰梯形时，下底边 AB 的中垂线是否为梯形的对称轴．

第五章 千姿百态万花筒

打开文件"05 – 万花筒.zjz",单击"动画"按钮就可以看到一个变化多端、千姿百态的万花筒,图5-1就是其中的几个图案,你想知道这个万花筒是怎么制作的吗?首先请你自己观察一下它有哪些特点.

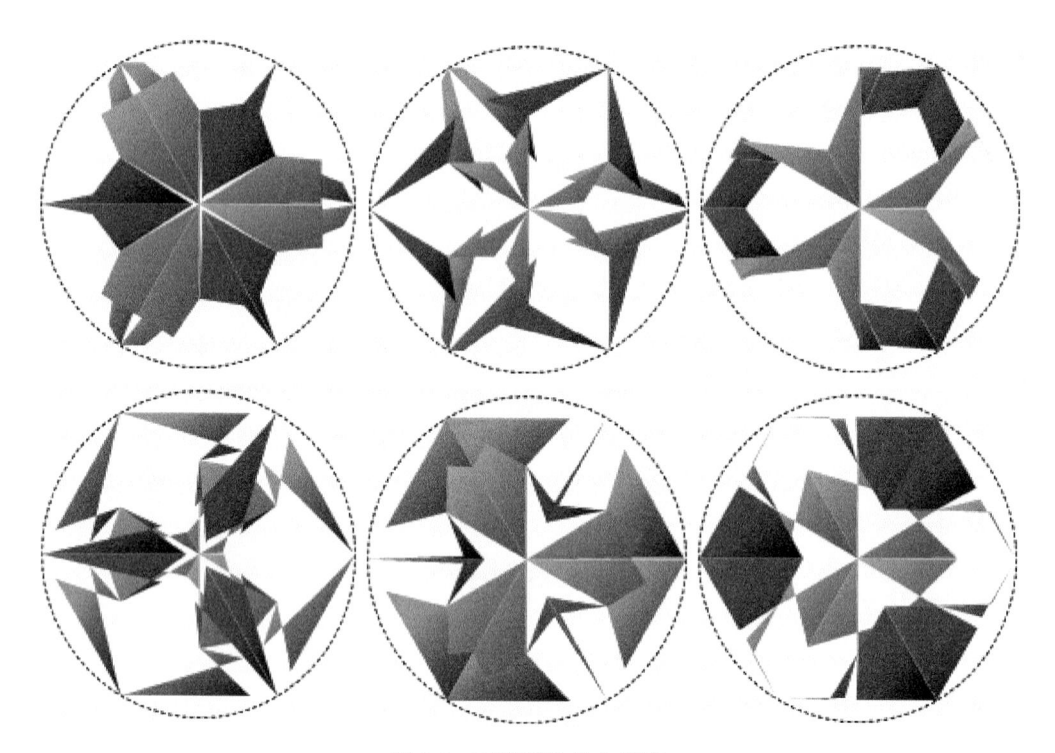

图5-1 万花筒的几个界面

它是一个轴对称图形吗?如果是,那么可能关于多少条直线对称呢?

在作图区空白位置双击鼠标停止动画,然后单击工具条中的"新建"命令,建立一个新的文档,让我们开始学习它的构造原理和制作过程吧.

如图5-2(a)所示,在左边对象工作区中单击"对象组:坐标系"前的"+",结果变为"–",如图5-2(b)所示列表展开,单击"直角坐标系"、"x 轴"、"y 轴"前的方框,使它们从作图区中隐藏,只保留坐标原点 O.

选择点 O,单击工具条中的"半径圆"命令,在弹出的用户输入对话框中输入:3,单击"确定"按钮,作出以点 O 为圆心、半径为3的圆.

单击"画笔"工具,在圆 O 上任取一点 A;单击"选择"工具返回.

按住 Ctrl 键,依次单击点 A 和圆 O,单击工具条中的"圆内接正 N 边形"命令,

图 5-2　在作图区中只显示坐标原点的操作

在弹出的对话框中输入：6，单击"确定"，就可以作出正六边形 $ABCDEF$．之前所选择的点 A 就是它的一个顶点，而它的所有顶点都在圆 O 的圆周上．

这里的正六边形实际上是一个包括了内部的多边形．这个六边形的所有边是一个整体，并且还具有内部．单击多边形的内部就可以将其选中，单击工具条中的"删除"工具 ✗，结果只剩下六个点 A、B、C、D、E、F．

单击"画笔"工具，连接 OA、OB、OC、OD、OE、OF 和 AB．

单击"选择"工具，同时选择点 O、点 A 和点 B，单击工具条中的"内心"命令，作出三角形 OAB 的内心 G．三角形的内心就是与三角形的三条边都相切的圆的圆心，正三角形的内心也是它的中心．下面我们就继续作出三角形的内切圆．

选择点 G 和线段 AB，单击工具条中的"相切圆"命令，就可以作出以点 G 为圆心并且与 AB 相切的圆，即三角形 OAB 的内切圆．结果如图 5-3 所示．

单击"画笔"工具，在圆 G 上任意取三个点 H、I、J；在线段 OA、AB 和 BO 上分别取任意点 K、L 和 M，如图 5-4 所示．下面让这六个点组成变化无穷的图案．

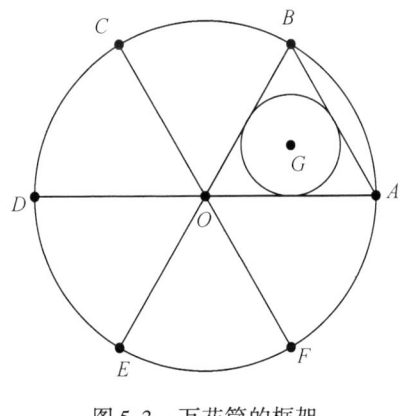

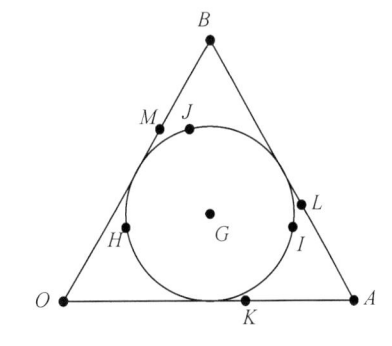

图 5-3　万花筒的框架　　　　　图 5-4　作出变化的图案

单击"选择"工具，同时选择点 O、点 H、点 G 和点 K，单击工具条中的"多边形"命令，作出多边形 $OHGK$；重复类似操作，作出多边形 $AIGL$ 和多边形 $BJGM$．

双击多边形 $OHGK$ 的内部，打开它的属性对话框，在这里可以设置多边形内部的填

15

充类型和填充颜色. 如图 5-5 所示, 在"填充"属性页面中选择"线渐变画刷"和"填充"选项, 在"渐变"页面中请你自己分别设置"开始颜色"和"结束颜色". 重复类似操作将另外两个多边形也按照你自己的要求设置成不同的填充类型和填充颜色.

图 5-5　设置多边形内部的填充类型和颜色

选择点 H, 单击"动画"工具, 在弹出的对话框中将"动画运动的频率"修改为 150 (图 5-6), 单击"确定"按钮完成. 在这里, 运动的频率实际上就是运动的步数. 步数越多, 运动的时间就越长; 步数越少, 运动的时间就会越短.

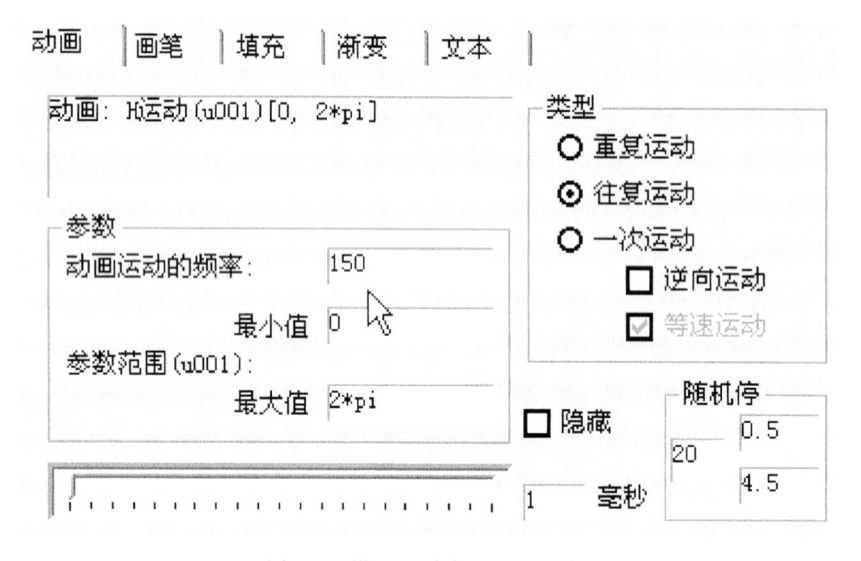

图 5-6　设置运动点的运动频率

请你重复类似的操作, 增加点 I 的动画按钮, 将其运动频率修改为 180; 增加点 J 的动画按钮, 将其运动频率修改为 210; 增加点 K 的动画按钮, 将其运动频率修改为 50; 增加点 L 的动画按钮, 将其运动频率修改为 70; 增加点 M 的动画按钮, 将其运动频率修改为 90. 我们将不同的点的运动频率设置成不同的值, 是为了让它们以不同的速度运动, 得到变化多样的图案.

选择点 G、点 H、点 I、点 J、点 K、点 L、点 M、圆 G 和线段 AB, 单击"隐藏"工具,将它们全部隐藏,结果如图 5-7 所示.

按住 Ctrl 键,依次选择线段 OB 和三个多边形,单击工具条中的"反射"命令;再依次选择线段 OC 和变换得到的三个多边形,单击"反射"命令;再依次选择线段 OD 和最新变换得到的三个多边形,单击"反射"命令;再依次选择线段 OE 和最新变换得到的三个多边形,单击"反射"命令;再依次选择线段 OF 和最新变换得到的三个多边形,单击"反射"命令.结果如图 5-8 所示.就这样,一步一步、又一步地通过反射变换得到了一个万花筒.

最后隐藏线段 OA、OB、OC、OD、OE、OF 和点 A、B、C、D、E、F.

按住 Ctrl 键,单击按钮的绿色部分(右侧),选择所有动画按钮,然后单击"启动动画"工具,就可以看到万花筒形形色色的图案了.

请记得在作图区空白位置双击鼠标,停止所有动画,再进行其他操作.

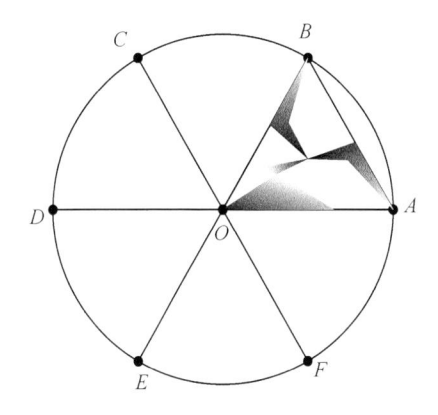

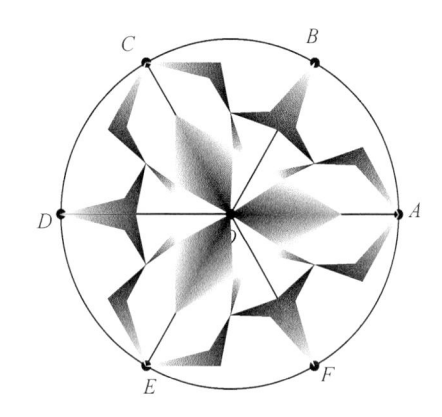

图 5-7　万花筒的"原型"　　　　图 5-8　通过轴对称变换得到的万花筒

思考与练习

(1) 你能按照自己的方式设计一个万花筒图案吗?

(2) 这个万花筒有几个对称轴?

(3) 在图 5-9 中,有长方形 ABCD、正方形 EFGH、正五边形 IJKLM 和圆 N,它们都是轴对称图形吗?如果是,有多少条对称轴?

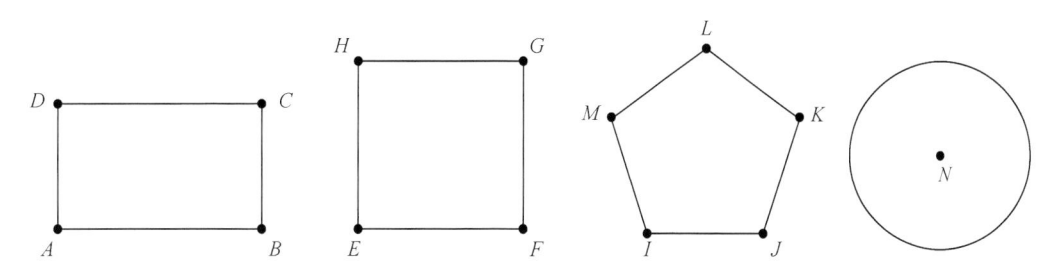

图 5-9　这些常见的图形是轴对称图形吗?

第六章 请找对称在哪里

如图 6-1 所示，用（3，0）表示大门的位置，用（3，5）表示熊猫馆的位置，用（1，4）表示大象馆的位置．那么请你试着表示出猴山与海洋馆的位置．

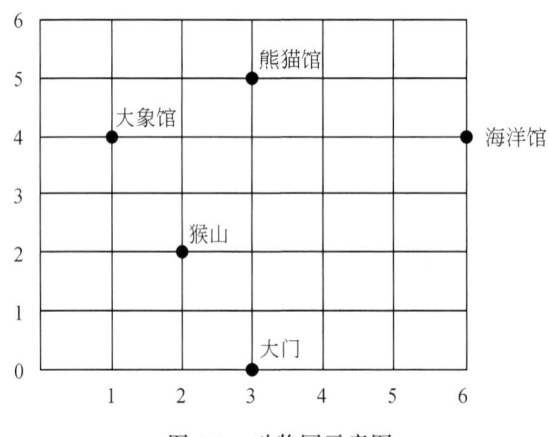

图 6-1 动物园示意图

像这样在平面示意图上，能表示出点的具体位置的一组数据，就是点的坐标．点的坐标由两个数字组成，前一个数字表示它在水平方向上的位置，叫做横坐标；后一个数字表示它在竖直方向上的位置，叫做纵坐标．

启动超级画板，在新的文档中，鼠标双击原点 O 附近的位置（而不是双击原点或者坐标轴），弹出坐标系的属性设置对话框，如图 6-2 所示，选择"画坐标网格"，单击"确定"完成．

图 6-2 显示坐标网格

单击"画笔"工具，画任意点 A、点 B、点 C；完成后单击"选择"返回．

选择点 A，单击工具条中的"属性"，在弹出的点 A 的属性对话框中，如图 6-3 所示，选择"整数网格点"，单击"确定"完成．重复类似操作，将点 B 和点 C 也设置成为整数点．如图 6-4 所示．

图 6-3 将自由点设置为整数点

请你分别说出点 A、点 B、点 C 的坐标．

可以利用鼠标任意拖动点 C，改变它的位置．你能很快说出点 C 在当前位置的坐标吗？

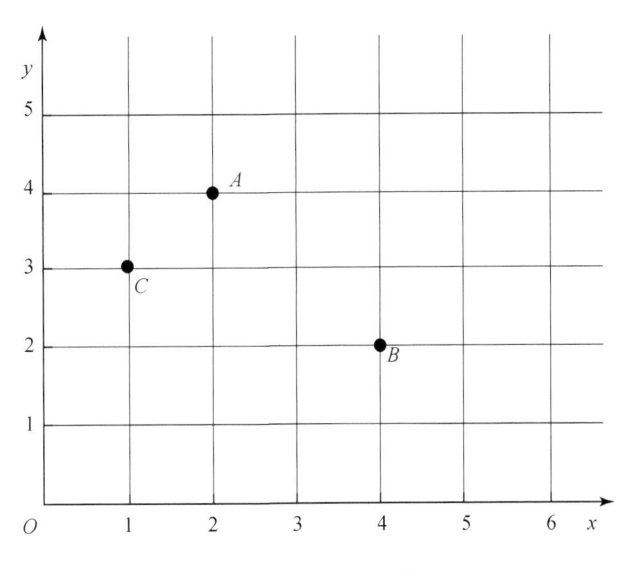

图 6-4 网格上的点

请你拖动点 A 或者点 B，使得它们处于同一竖直方向．同时选择点 A 和点 B，单击"直线"工具，作出直线 AB，选择直线 AB，单击"放大"工具 🔍，增加它的画线宽度．结果如图 6-5 所示．

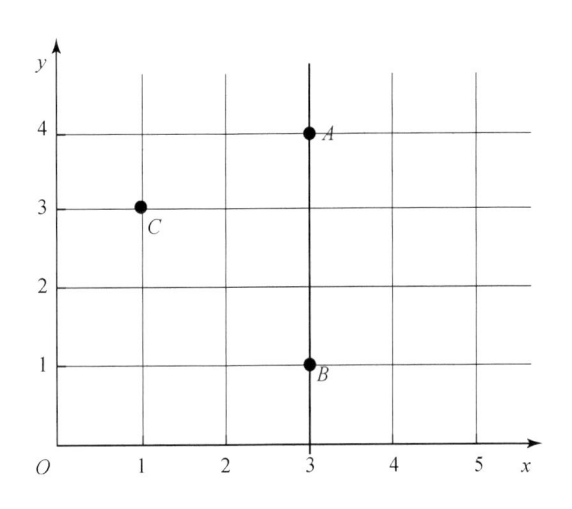

图 6-5 找找点 C 关于直线 AB 的对称点的位置

或者按照水平方向拖动直线 AB 使得它始终处于竖直状态，或者任意拖动点 C. 你能找到点 C 关于直线 AB 的对称点的位置并说出它的坐标吗？

拖动点 A 或者点 B，让直线 AB 处于水平状态，如图 6-6 所示，任意改变点 C 位置的过程中，你能找到点 C 关于直线 AB 的对称点的位置并说出它的坐标吗？

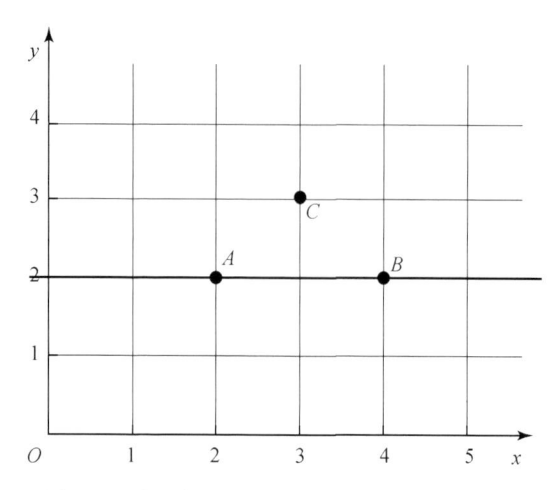

图6-6 找找点 C 关于直线 AB 的对称点的位置

思考与练习

(1) 当直线 AB 处于竖直状态时，点 C 的横坐标、点 A（或点 B）的横坐标、点 C 关于 AB 对称点的横坐标之间有什么关系？

(2) 当直线 AB 处于水平状态时，点 C 的纵坐标、点 A（或点 B）的纵坐标、点 C 关于 AB 对称点的纵坐标之间有什么关系？

(3) 依次选择直线 AB 和点 C，单击工具条中"反射"命令，作出点 C 关于 AB 的对称点，验证在问题 (1)、(2) 中你所得到的结论．

第七章　公鸡排列真整齐

如图 7-1 所示，这是一群多么漂亮的大公鸡啊！数一数，它们一共有多少只？你看它们排列在一起，多么整齐！你知道它们是如何整整齐齐地排列在一起的吗？

图 7-1　一群漂亮的大公鸡

实际上，只要有了一只大公鸡，把它通过简单的平移变换就可以得到排列整齐的一群大公鸡.

首先让我们画一只漂亮的公鸡.

单击"手画"工具，进入手写手画状态. 使用它就像你手持画笔在纸上绘图一样可以得到形态更加自如的图案. 如果你的计算机连接一个手写板，那么你将能够对这支画笔控制得更加自如.

需要注意的是，为了使得绘制的图案成为一个整体，在绘图过程中不要双击鼠标；当然你如果希望绘制的图案是五颜六色的，那么你绘制的图案可以由几部分组成，通过几次绘制来完成，然后分别设置成不同的画线宽度和颜色.

绘制完成后双击鼠标或者单击工具条中的"选择"命令就可以退出绘图状态，选择绘制的图案可以修改它的画笔线宽、画线颜色.

图 7-2 就是利用"手画"工具所绘制的一只大公鸡. 当然，你也可以绘制一只小狗或者小猫等其他动物. 如果你无法对鼠标掌握自如绘制出漂亮的图案，你可以在网上找出一幅图片，粘贴在作图区，如图 7-3 所示，然后在图片上方直接"临摹"，保证你绘制的图案像模像样，这叫做"比葫芦画瓢". 最后"过河拆桥"：将图片隐藏或者删除就可以.

图7-2 手写手画绘制的大公鸡 　　　图7-3 通过"比葫芦画瓢"的方式绘制图案

　　单击"画笔",画任意线段 AB 和 AC,如图 7-4 所示.

　　单击"选择",返回到选择状态.按住 Ctrl 键,依次选择点 A 和点 B,单击"变换"菜单中的"选定平移向量"命令,这时该命令变为"目前正在使用的平移向量为:AB",这样就设定了平移的方向和距离.当线段 AB 处于水平状态时平移的方向就是向右,距离就是线段 AB 的长度.当然,线段 AB 也可以不是处于水平状态和竖直状态,而是更加一般的情况,如图 7-5 所示.那么这时所指定的方向就是从 A 到 B 的射线.在计算机中所有的线段都是既有长度也有方向,即有向线段.上面我们提到的菜单命令中的"向量"指的就是有向线段.

图7-4 线段 AB 和线段 AC 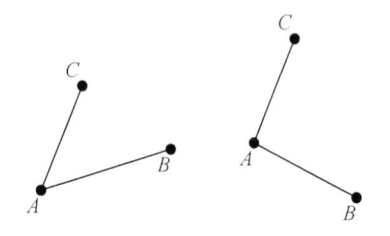　　　图7-5 处于一般状态下的线段 AB

　　单击"选择",选中大公鸡图案,单击工具条中的"平移"命令,结果如图 7-6 所示.这时,平移得到的图案处于被选中状态,继续多次单击"平移"命令,结果如图 7-7 所示就得到了一排大公鸡.通过操作,我们知道从左边数第二个大公鸡是将第一个大公鸡按照有向线段 AB 平移后得到的,第三个大公鸡是将第二个大公鸡按照有向线段 AB 平移后得到的……以此类推.

　　可见,通过一个有向线段指定了平移的方向和距离后,可以一直使用这个有向线段进行平移操作.

　　拖动利用"手写"工具绘制的第一个大公鸡,其他大公鸡会如何变化?

　　拖动点 B,这一列大公鸡之间会有什么变化?拖动点 A 呢?

图 7-6　将第一个大公鸡平移后得到第二个大公鸡

图 7-7　平移后得到的一排大公鸡

拖动线段 AB，这一列大公鸡之间又会有怎样的变化呢？

按住 Ctrl 键，依次选择点 A 和点 C，单击"目前正在使用的平移向量为：AB"命令，这时该命令的名称变为"目前正在使用的平移向量为：AC"，这表明计算机已经将有向线段 AC 指定为平移向量了．

选择所有大公鸡，单击"平移"命令，结果得到按照向量 AC 平移后的大公鸡，平移后的图案同时处于被选中状态，利用"画笔颜色"重新设置大公鸡的颜色，再次单击"平移"命令，就可以得到第三列大公鸡，然后重新设置一种颜色．继续平移操作可以得到更多的大公鸡．

拖动利用"手写"工具绘制的第一个大公鸡，其他大公鸡会如何变化？

拖动点 C，这一群大公鸡之间会有什么变化？

思考与练习

（1）请你绘制一个其他形状的小动物图案，并通过平移变换得到一群形状相同、颜色各异的小动物．

（2）考虑一下，如何在计算机上作一个能够两条腿走路的大公鸡？

第八章 位置如何算平移

将一个物体沿着某一方向移动一段距离后,会在一个新的位置上得到一个形状和大小都完全相同的物体.反过来,有两个形状和大小都完全相同的物体分别在两个不同的位置上,是否一定能够将其中一个物体通过平移得到另外一个物体呢?

例如,如图8-1所示,点A和点B上方各有一只形状和大小均相同的大公鸡,是否存在一条直线,使得点B上方的大公鸡沿着该直线移动后能够跟点A上方的大公鸡重合?打开文件"08-前后两只大公鸡.zjz",将点B拖动到点A的位置,试试看.

图8-1 形状和大小完全相同的两只大公鸡

再如,在图8-2中,三角形XYZ与三角形$X'Y'Z'$的大小和形状完全相同,是否存在一条直线,使得三角形$X'Y'Z'$沿着该直线移动后能够与三角形XYZ重合?

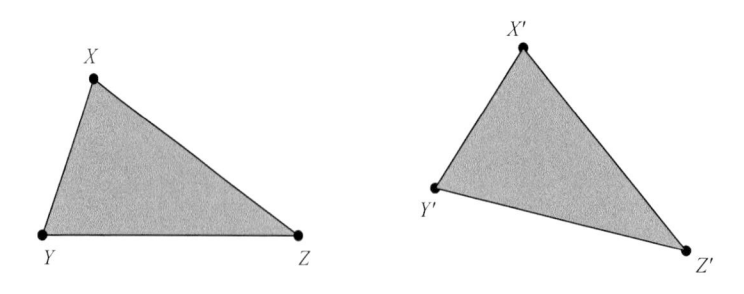

图8-2 形状和大小完全相同的两个三角形

要回答上面这些问题,我们就需要弄清楚物体的平移具体有哪些性质?同时还要知道如何判断一个物体能否将另外一个物体通过平移而得到?

启动新的超级画板文档;单击"画笔",画任意三角形 ABC 和线段 DE.

单击"选择",依次选择点 D 和点 E,单击"变换"菜单中的"选定平移向量"命令;依次选择点 A、点 B、点 C、线段 AB、线段 BC 和线段 CA,单击工具条中的"平移"命令,得到平移后的三角形 FGH;将点 F、点 G 和点 H 的名字分别修改为 A'、B'和 C',结果如图 8-3 所示.

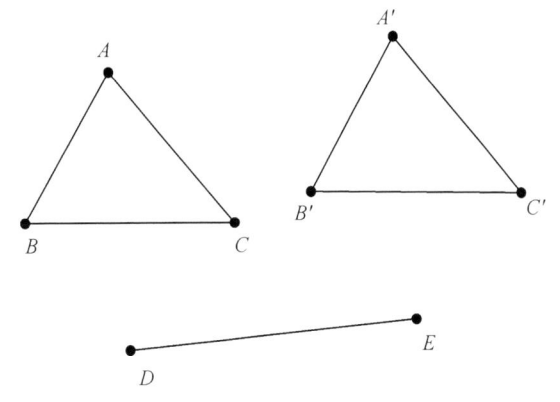

图 8-3　三角形 ABC 按照有向线段 DE 平移后得到三角形 A'B'C'

拖动点 E,观察三角形 A'B'C'随点 E 运动而运动的变化规律.

与轴对称变换类似,平移变换中也有对应点.点 A' 与点 A 是对应点,点 B' 与点 B 是对应点,点 C' 与点 C 是对应点.因此点 A' 是点 A 根据有向线段 DE 平移后得到的,那么有向线段 AA' 与有向线段 DE 之间有什么关系呢?类似的关系是否在 BB'、CC' 之间一样成立呢?

单击"画笔",连接线段 AA'、BB'、CC'.单击"选择",按住 Ctrl 键,同时选择线段 AA'、BB' 和 CC',如图 8-4 所示指向作图区右侧的"属性"选项,打开属性工作区;如图 8-5 所示,单击"画线类型"对应的属性,选择:虚线,结果线段 AA'、BB'、CC' 同时为虚线显示,同时可以将它们的颜色设置为红色,结果如图 8-6 所示.

图 8-4　打开属性工作区　　图 8-5　在属性工作区中设置一组对象的属性

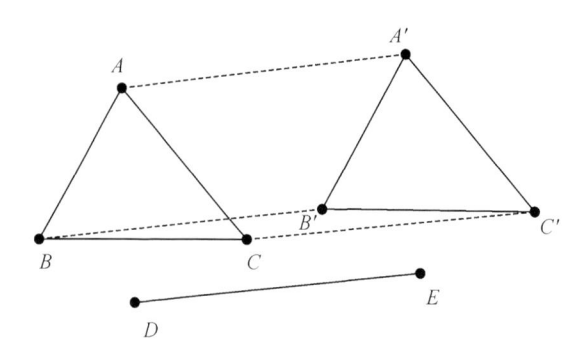

图 8-6 连接对应点之间的线段

可以发现：

（1） $AA' = BB' = CC' = DE$；

（2） $AA'//BB'//CC'//DE$，即 AA'、BB'、CC' 与 DE 之间相互平行.

下面检验这两条结论：

同时选择线段 AA'、BB'、CC'、DE，单击"长度"，得到四条线段的长度测量值，如图 8-7 所示，拖动点 E，观察测量结果的变化规律.

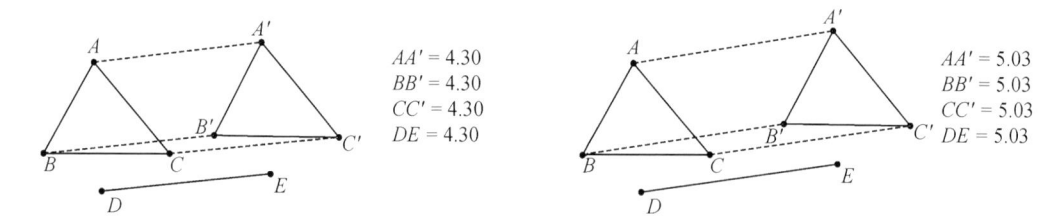

图 8-7 $AA' = BB' = CC' = DE$ 始终成立

单击"画笔"，在线段 AA' 上任取一点 I，自点 I 作线段 BB' 的垂足 J.

单击"选择"，选择线段 IJ，单击"长度"，得到线段 IJ 的长度测量值，如图 8-8 所示，拖动点 I，当点 I 在直线 AA' 上移动时，可以发现线段 IJ 的长度始终不变. 这说明，直线 AA' 上任意点到直线 BB' 的距离相等，也就是说直线 AA' 与 BB' 永远没有交点，所以 AA' 与 BB' 平行.

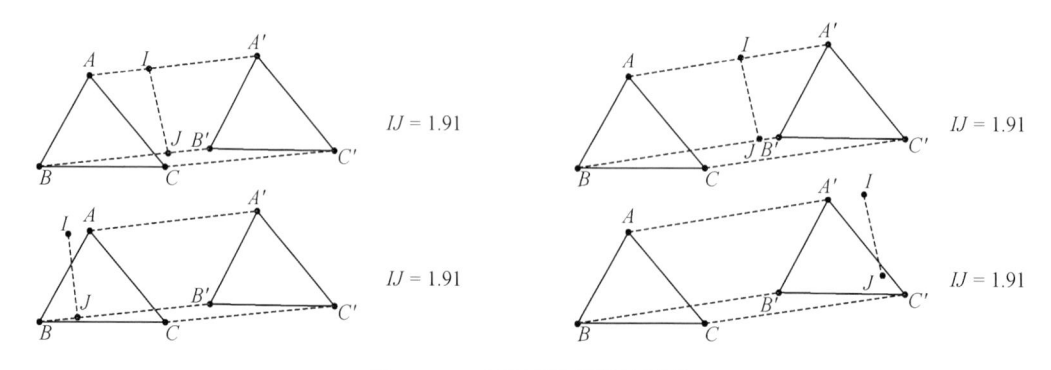

图 8-8 IJ 的长度始终保持不变

类似地，可以验证 AA′、BB′、CC′、DE 任意两条直线之间都相互平行．

思考与练习

（1）你认为在什么情况下，在图 8-2 中，可以将三角形 XYZ 通过平移得到三角形 X′Y′Z′？

（2）如图 8-9 所示，平移五角星 ABCDE，使得点 A 移动到点 A′，你能否画出平移后的五角星 A′B′C′D′E′？

图 8-9　根据平移后的一个对应点绘制出平移后的五角星

第九章　利用平移能说理

恰当地运用平移变换还可以揭示一些数学本质，能够将一些深刻的道理通过浅显易懂的方式表现出来，让所有人都能明白并且印象深刻．这方面的例子有很多，在这里我们谈谈平行四边形面积公式的推导问题．

我们知道，边长为 1 的正方形的面积等于 1．如图 9-1 所示，长为 3、宽为 2 的长方形的面积，就等于 3×2 个边长为 1 的小正方形面积之和，等于 6．我们还知道更加一般的情况：长为 a、宽为 b 的长方形的面积等于 $a \times b$．

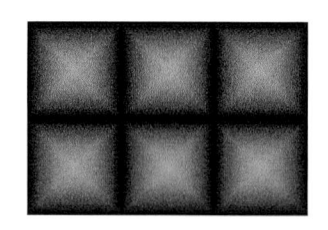

图 9-1　长为 3、宽为 2 的长方形

图 9-2 是一个长为 3、高为 2 的平行四边形，它的面积等于多少呢？可能你已经知道结论：平行四边形的面积等于底×高．

在我们学数学的过程中，处处都需要讲清楚其中的道理．如果我们知道平行四边形面积的公式，同时还知道它是如何推导出来的，那么我们就能够加深对它的认识和理解．因此，即使将来忘记了，自己也能够非常迅速地重新推导出来．当然，平行四边形的面积公式相对来说较为简单，而将来我们遇到的许多公式会比较复杂，这时深刻理解它们的内涵就显得尤其重要．

图 9-2　长为 3、高为 2 的平行四边形

那么，究竟如何根据长方形面积公式推导得到平行四边形的面积公式呢？

首先，我们这样考虑问题：既然平行四边形的面积等于底乘高，那么对于一个底为 a、高为 b 的平行四边形来说，剪切之后一定可以重新拼凑成为一个长为 a、宽为 b 的长方形．

剪切的方法有很多，最主要的任务就是能够得到直角，最基本的原则就是剪切的次数越少越好．下面我们就来完成这个剪切并重新拼凑的过程．

单击"画笔"，作任意角 ABC．

单击"选择"，依次选择点 A、点 B 和点 C，单击"平行四边形"命令，作出平行四边形 $ABCD$．

按住 Ctrl 键，同时选择点 A 和线段 BC，单击"垂足"工具，作出点 A 到线段 BC 的垂足 E，结果如图 9-3 所示．

单击"画笔"，在线段 BC 上任意取一点 F．

单击"选择",依次选择点 B 和点 F,单击"变换"菜单中的"选定平移向量"命令,这时有向线段 BF 就被选定为平移向量.

若点 B 按照向量 BF 进行平移,就得到了一个与点 F 重合的点.因此若要求将直角三角形 AEB 按照向量 BF 进行平移时,不需要对点 B 进行平移.所以有:

按住 Ctrl 键,同时选择点 A 和点 E,单击"平移"命令,结果如图 9-4 所示,得到平移后的点 G 和点 H.

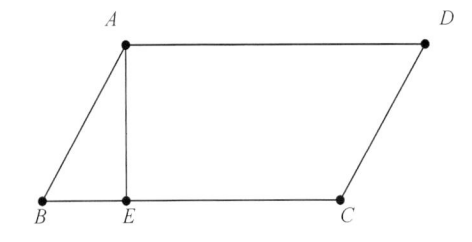

图 9-3　作出平行四边形的高 AE 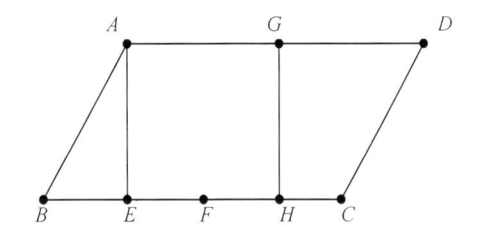　　　　图 9-4　按照向量 BF 平移后得到点 G 和点 H

为了后面操作的方便,我们可以将点 F 拖动到点 C 的右侧.那么点 G 和点 H 也被拖动到了平行四边形之外.

选择点 B,单击"隐藏",将其从作图区中隐藏.重复类似操作,隐藏所有线段.

按住 Ctrl 键,同时选择点 A、点 E、点 C 和点 D,单击"多边形"命令,即可作出多边形 AECD,单击多边形内部就可以将它选中,通过"填充"工具设置它的内部颜色;重复类似操作,构造多边形 FHG,并将它的内部填充为相同的颜色,结果如图 9-5 所示.多边形本身带有边界,前面我们隐藏所有的线段是避免边界的重复出现.

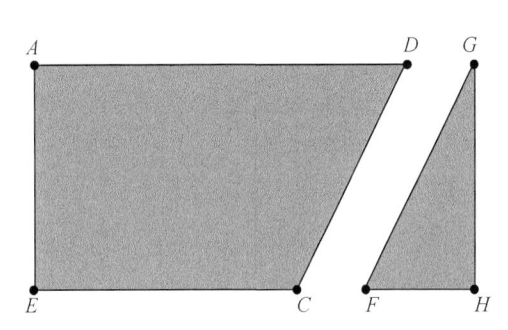

图 9-5　将平行四边形分成了两块

选择点 F,单击"动画",如图 9-6 所示,在弹出的动画属性设置对话框中将"动画运动的频率"修改为:300,使得运动的速度慢一些;选择运动"类型"为:一次运动,单击"确定"完成.如图 9-7 所示,按钮分为三个部分:左边的主要按钮、中间的辅助按钮以及右侧的编辑区域,拖动按钮右侧的编辑区域(绿色部分)可以移动它的位置,也可以改变它的长度和宽度,在这里我们只显示出按钮名称中的的"动画"两个字.

29

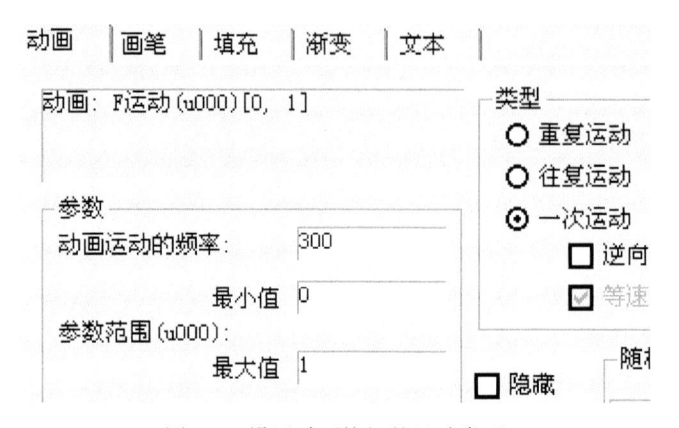

图 9-6 设置动画按钮的运动类型 　　　　　图 9-7 动画按钮的三部分

单击"名字"命令，隐藏所有点的名字．

单击"动画"按钮的辅助按钮（中间部分），可以让三角形平移到梯形的左侧从而拼凑成一个平行四边形，如图9-8所示；单击"动画"按钮的主要按钮（左侧部分），可以让三角形平移到梯形的右侧从而拼凑成一个长方形，如图9-9所示．

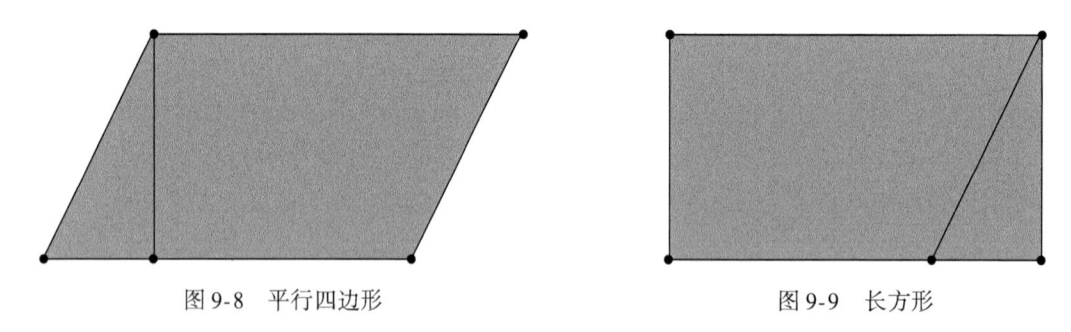

图 9-8　平行四边形　　　　　　　　　图 9-9　长方形

这个动态平移的过程，就是平行四边形与长方形相互转换的过程，由此可以知道：

平行四边形的面积 = 底 × 高．

推导平行四边面积公式的过程依赖于如下简单而明了的道理：
一个平面图形被分割成若干部分后，面积的总和保持不变．

思考与练习

（1）如图9-10所示，平行四边形 ABCD 的边 AB 固定，点 D 在以点 A 为圆心的圆周上运动，请问，平行四边形 ABCD 的面积有没有最大值？何时最大？最小值呢？

（2）你还记得梯形的面积公式吗？你能通过长方形或者平行四边形的面积推导出梯形的面积吗？

（3）前面我们说过"一个平面图形被分割成若干部分后，面积的总和保持不变"．打开文件"09 - 图形的剪切与拼接.zjz"，如图9-11所示．单击"平移"按钮，结果如图9-12所示，图形怎么少了一块？这是怎么回事？你能解释其中的道理吗？

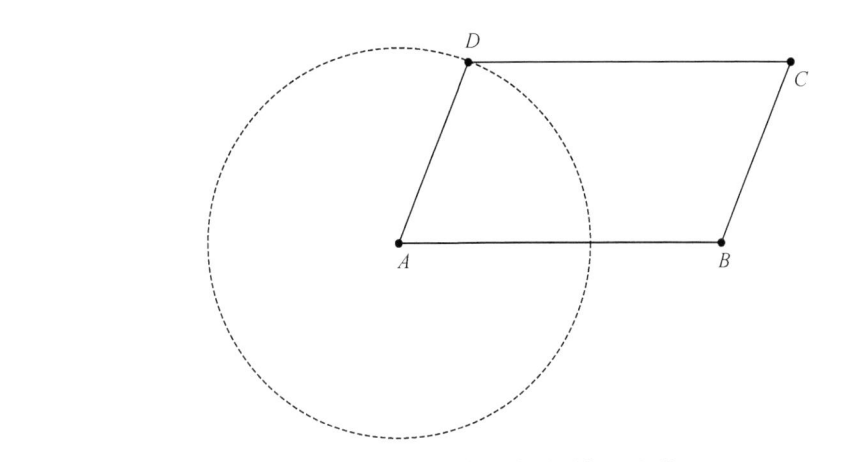

图 9-10　边长不变的平行四边形

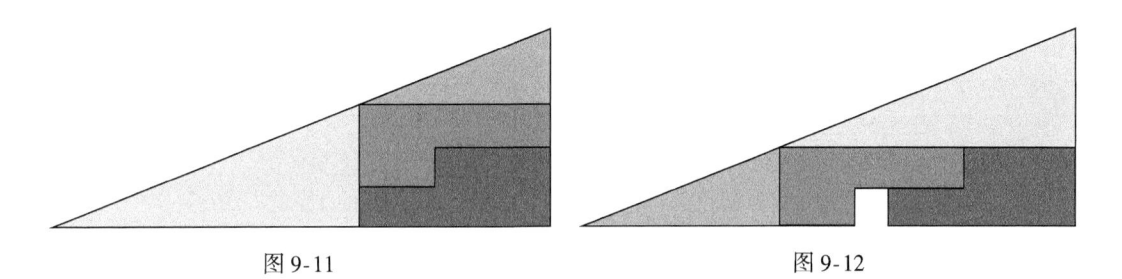

图 9-11　　　　　　　　　图 9-12

第十章 平移图案得镶嵌

将一组图形，如果能够不重叠、不留空隙地铺满平面，就形成了密铺图案，密铺图案也叫镶嵌图案.

首先让我们自己动手作一个简单的密铺图案.

单击"画笔"，作任意点 A、B、C，如图 10-1 所示.

单击"选择"，依次选择点 A、点 B 和点 C，单击"平行四边形"命令，就可以作出平行四边形 ABCD，如图 10-2 所示；同时选择线段 AB、BC、CD 和 DA，单击"删除"命令，即可将它们删除，结果如图 10-3 所示.

图 10-1 三个任意点 A、B、C

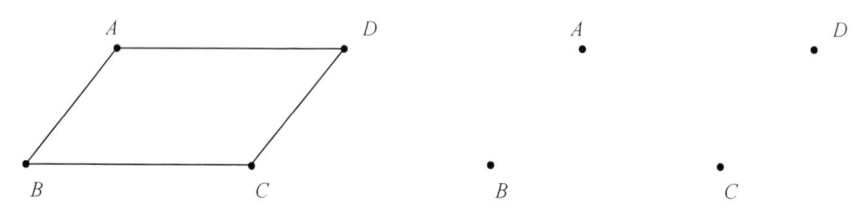

图 10-2 通过三个点构造平行四边形　　图 10-3 只留下平行四边形的四个顶点

同时选择点 A、点 B、点 C 和点 D，单击"多边形"命令；双击多边形 ABCD 的内部，打开其属性对话框，如图 10-4 所示，选择"填充"选项，并选择填充"类型"为：路径渐变画刷；单击"渐变"选项卡，如图 10-5 所示，可以设置中心颜色和边界颜色.

图 10-4 设置填充的类型　　图 10-5 设置多边形内部的中心、边界颜色

单击属性对话框的"确定"按钮，完成设置，结果如图 10-6 所示.

依次选择点 B 和点 C，单击"变换"菜单中的"选定平移向量"，将有向线段 BC

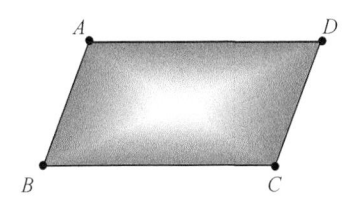

图 10-6　具有内部的多边形 ABCD

设定为平移向量.

单击多边形 ABCD 的内部将其选中，多次单击"平移"命令，结果如图 10-7 所示，得到一组平行四边形.

图 10-7　以 BC 为平移向量得到的密铺图案

依次选择点 B 和点 A，单击"变换"菜单中的"目前正在使用的平移向量为：BC"命令，将有向线段 BA 设定为平移向量.

按住 Ctrl 键，单击所有多边形内部将它们全部选中，多次单击"平移"命令，结果如图 10-8 所示，得到几列平行四边形.

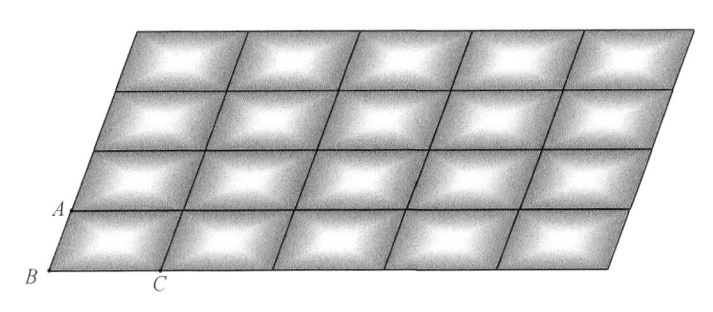

图 10-8　由完全相同的平行四边形组成的密铺图案

这样就得到了由完全相同的平行四边形组成的密铺图案.

拖动点 A、点 B 或点 C，可以发现利用平移变换得到的图形总是密铺图案. 想一想为什么这个图案总是密铺的？

拖动点 A，当 AB 与 BC 垂直时，如图 10-9 所示，就得到了由完全相同的长方形组成的密铺图案.

继续拖动点 C，当 AB 与 BC 垂直并且相等时，如图 10-10 所示，就得到了由完全相同的正方形组成的密铺图案.

假如，平行四边形 ABCD 是利用可以伸缩的材料制作的，那么它的形状可以随便改变而面积始终保持不变. 如果有一个锤子，用力朝着平行四边形的边 AB 砸去，结果会如何呢？请见如图 10-11 所示图案.

再用锤子朝着 BC 边用力砸去，又会发生什么情况呢？请见如图 10-12 所示图案．

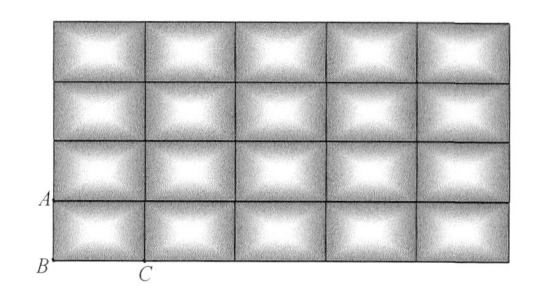

图 10-9　由相同的长方形组成的密铺图案 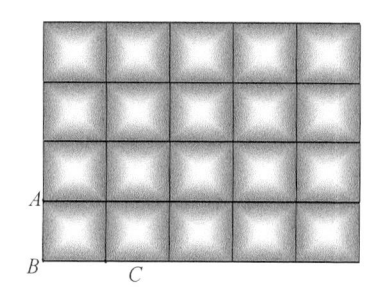　　　图 10-10　由相同的正方形组成的密铺图案

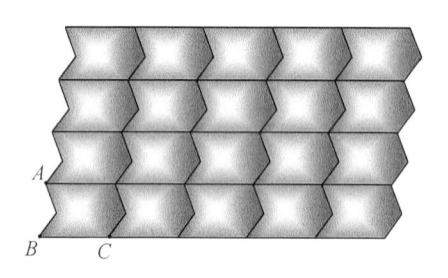

图 10-11　边 BA 向右凹进后的图案 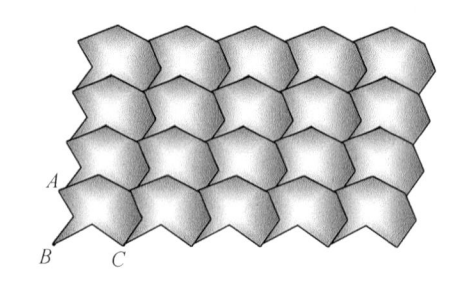　　　图 10-12　边 BC 向上凹进后的图案

当然，它们也是由相同的图形所组成的密铺图案．它们的基本图案也是在平行四边形的框架下平移而得到的图案．下面我们就设计出这个两次运用平移原理而得到的密铺图案．

首先作出如图 10-3 所示平行四边形 ABCD 对应的四个顶点．单击"画笔"，任取两个点 E 和 F，如图 10-13 所示．

单击"选择"，将有向线段 BC 设置为平移向量，将点 E 进行平移，得到点 G；将有向线段 BA 设置为平移向量，将点 F 进行平移，得到点 H，结果如图 10-14 所示．

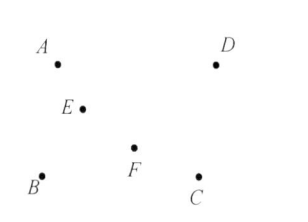

图 10-13　点 E、点 F 分别确定平行　　　图 10-14　根据"出入相补"
四边形从边 BA、边 BC 凹进去的位置图　　　　　　原理得到对应点

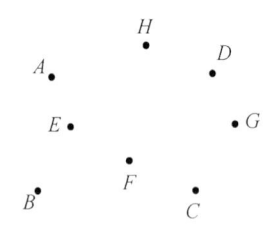

按住 Ctrl 键，依次选择点 A、点 E、点 B、点 F、点 C、点 G、点 D、点 H，单击"多边形"，就可以得到多边形 AEBFCGDH，然后设置其内部填充属性，结果如图 10-15 所示．

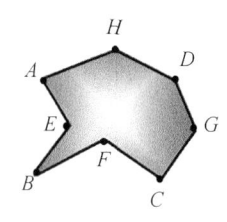

图 10-15 平行四边形变形后得到的多边形

然后，分别以有向线段 *BA* 和有向线段 *BC* 为平移向量平移这个"变形"的平行四边形，如图 10-12 所示．

思考与练习

（1）如图 10-16 所示，这种密铺图案在我们日常所见到的建筑中很常见，你能将它设计出来吗？

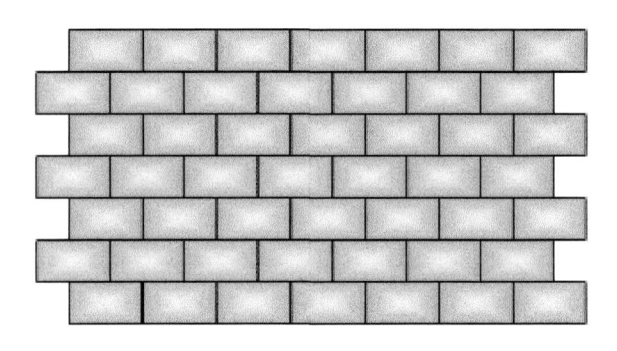

图 10-16 由长方形组成的密铺图案

（2）如图 10-17 所示，这个密铺图案的基本图形是什么？你知道它是由基本图形如何得到的吗？

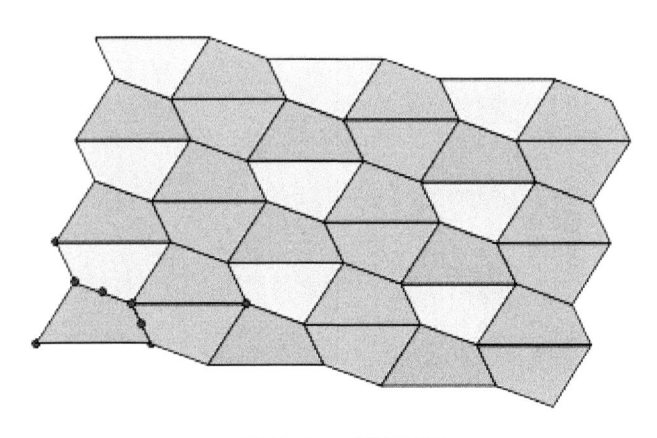

图 10-17 密铺图案

第十一章 图案平移又旋转

如图11-1所示，检验点B上方的大公鸡是否能够通过点A上方的大公鸡平移而得到，在计算机上的操作过程非常简单：打开文件"11-前后两只大公鸡.zjz"，单击"B移动到A"按钮，当点B与点A重合时，观察两只大公鸡是否完全重合，如图11-2所示.

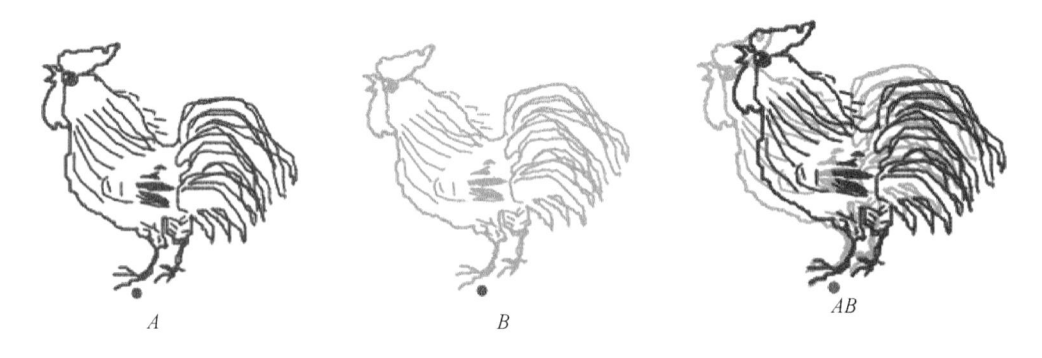

图11-1 点A和点B上方各有一只大公鸡　　图11-2 检验两只大公鸡能否重合

可见，点B上方的大公鸡并不是由点A上方的大公鸡简单地通过平移而得到的. 那么点B上方的这只大公鸡与点A上方的大公鸡之间又有什么关系呢？

将点B拖动到点A之外的位置；在左边的对象工作区中，如图11-3所示，单击第9号与第11号对象前的方框，将它们从作图区中显示出来.

第9号对象是一只大公鸡，如图11-4所示，它是将点A上方的大公鸡以有向线段AB为向量平移之后所得到的，否则你可以根据上面的方法进行检验.

图11-3 重新显示被隐藏的对象 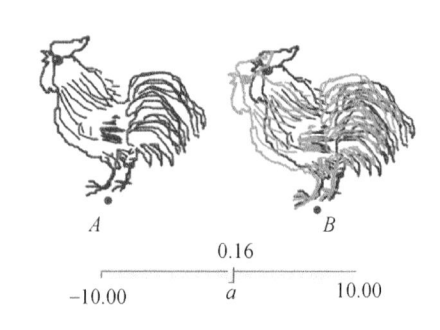　　图11-4 点B上方显示出平移得到的大公鸡图案

第10号对象是一个变量尺，通过它可以改变a的大小. 具体操作方法如下：

单击该变量尺就可以将它选中，移动光标到中间的滑标上，如图11-5所示，这时单击鼠标并按住左右拖动可以改变 a 的大小.

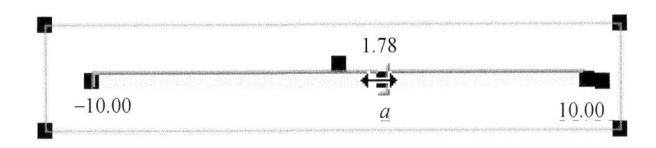

图 11-5　改变 a 的大小

在改变 a 的过程中，观察橙色大公鸡是如何变化的，如图 11-6 所示.

可以观察到，在 a 变化过程中，橙色大公鸡在转动.

像这样，在平面内将一个图形绕着某个点转动的过程，就是**旋转**.

转动的中心，叫做**旋转中心**. 容易知道在这里点 B 就是橙色大公鸡的旋转中心.

转动的角度，叫做**旋转角**. 通过前面的操作可以发现，当 a 取不同的数值时，橙色大公鸡的位置就会不同，可见橙色大公鸡旋转的旋转角与 a 的值有关.

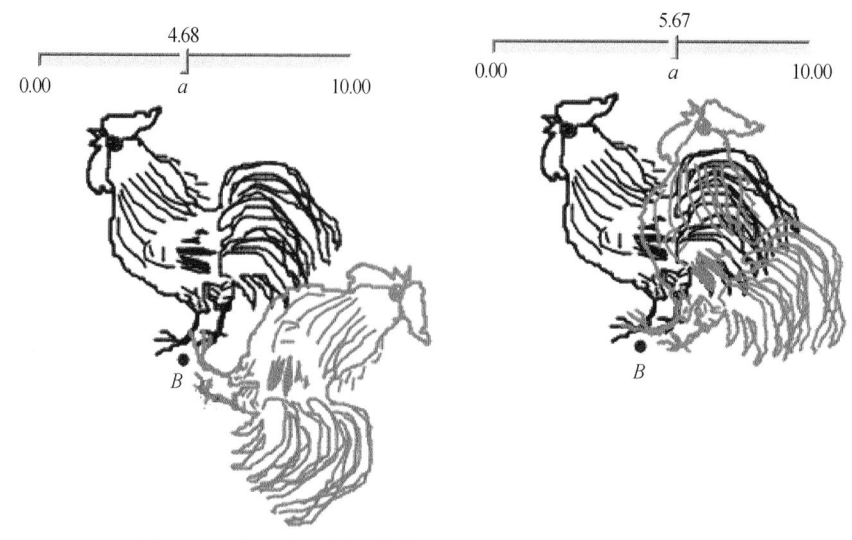

图 11-6 当 a 取不同的数值时橙色的大公鸡在不同的位置

可见，在旋转一个对象的过程中，需要清楚两个条件：旋转中心和旋转角．即需要确定：绕哪个点进行旋转，具体旋转到哪个位置．

因此可以知道，橙色大公鸡是由点 A 上方的大公鸡平移后再旋转而得到的．

在文件"11-前后两只大公鸡.zjz"中，按 PageDown 键，就可以转换到文件的第二页，就像将我们的练习本翻到下一页一样．单击"动画"按钮，将点 B′ 移动到与点 B 重合的位置，如图 11-7 所示，同时选择两个多边形，多次单击"增加透明"工具 ，如图 11-8 所示，可以使得它们之间不会相互遮挡．

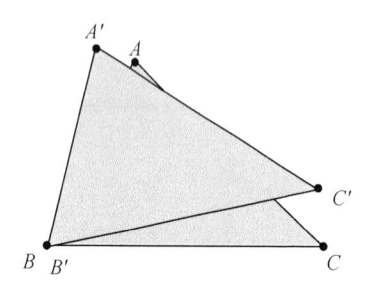

图 11-7 拖动点 B′ 到点 B 的位置 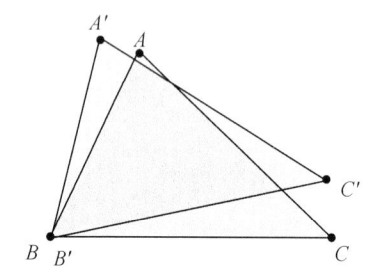　　　　图 11-8 增加两个多边形内部的透明度

拖动点 C′，就可以使得三角形 ABC 绕点 B（同样也是点 B′）旋转，从而得到三角形 A′B′C′．在这里角 CBC′（记作∠CBC′）就是旋转角．在计算机中可以将存在的一个角指定为旋转角，也可以输入具体的数值，甚至可以是一个字母或者一个算式，我们将在后面的内容中逐步介绍．

思考与练习

在平常的生活中，你听说过"掉头"、"旋转一周"以及体操运动员的动作"空中翻两翻"这些此词语吗？你知道它们所表示的具体含义吗？

第十二章　各种各样的角度

如图 12-1 所示，将一个圆分割成为大小均匀相等的几部分，就叫做将它等分．古时候，人们通常将一个圆周分成 360 等份，一个圆周是 360°，那么每一份所对应的大小就是 1°．

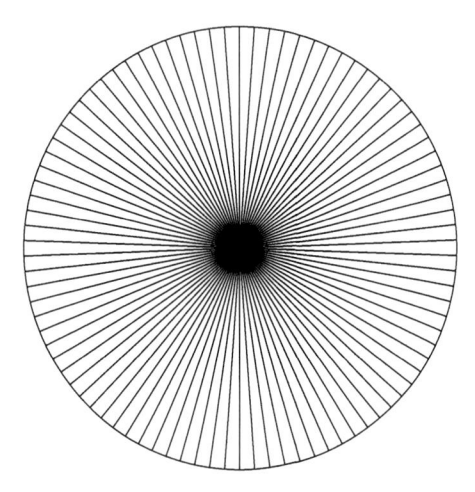

图 12-1　圆周被等分成若干份

我们知道，小于 90° 的角叫做锐角，等于 90° 的角叫做直角，大于 90° 而小于 180° 的角叫做钝角，等于 180° 的角叫做平角，等于 360° 的角叫做周角，如图 12-2 所示，请你打开文件"12-大小小小的角度.zjz"，自己拖动和观察一下．

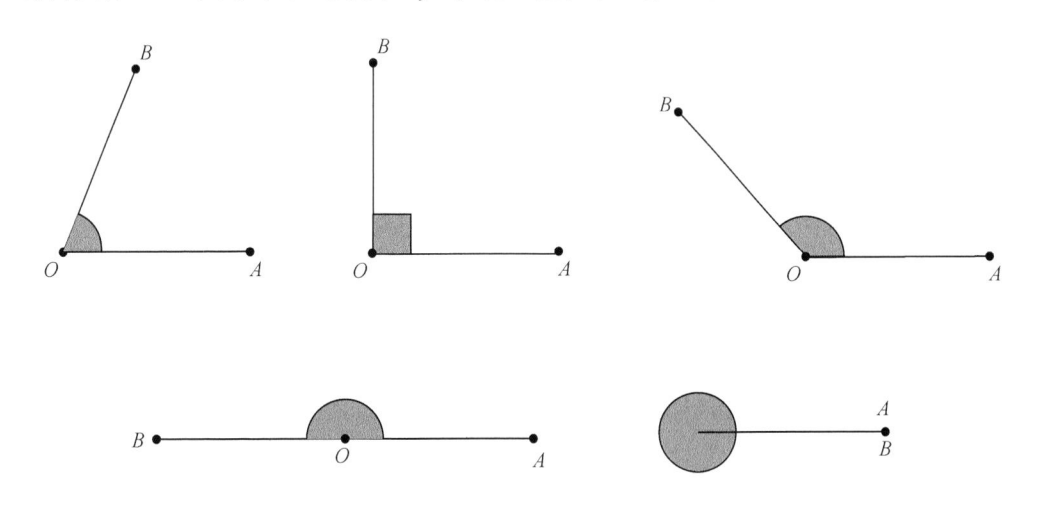

图 12-2　大大小小的角

那么，如图 12-3 所示，小于 0°的角，大于 180°而小于 360°的角，以及大于 360°的角，叫做什么角呢？如果说前面提到的锐角、直角、钝角、平角、周角都有自己的名字，算作特殊角的话，那么小于 0°的角、大于 180°而小于 360°的角以及大于 360°的角就叫做一般的角，请你打开文件"12-更加一般的角度.zjz"，自己拖动试试看.

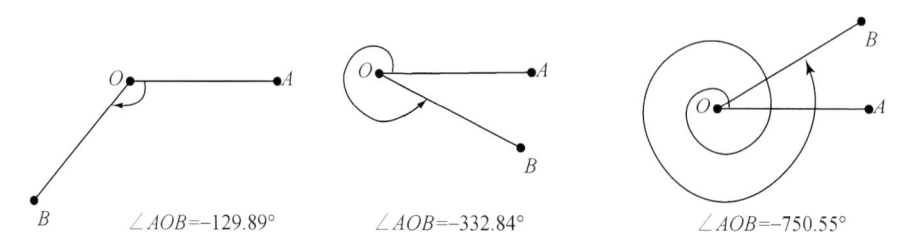

∠AOB=−129.89°　　　∠AOB=−332.84°　　　∠AOB=−750.55°

图 12-3　更加一般的角

因为规定逆时针旋转的角为正，所以按照顺时针旋转的角为负数. 负数对我们来说并不陌生，如 −20℃ 就表示零下 20 度，在银行存折上一般用"＋"表示存入而用"−"表示支出，如图 12-4 所示在坐标系上坐标原点 O 右侧和上侧的位置用正数表示而原点 O 左侧和下侧的位置则用负数表示.

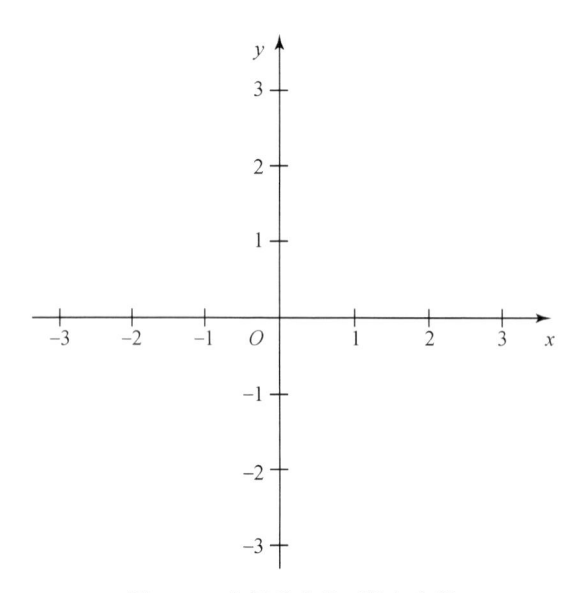

图 12-4　坐标系中的正数与负数

在小学和初中阶段，我们所学习的角实际上就是两条射线的夹角，如图 12-5 所示，而两条射线的夹角不大于 180°.

而如图 12-3 中所展示的一般角，实际上是一条射线到另外一条射线的方向角. 当然这两条射线具有共同的端点.

这一般的角，或称作方向角，虽然不是我们在小学和初学阶段所学习的内容，但是认识它、了解它和运用它对我们在计算机上完成许多工作具有重要的意义.

但，无论是两条射线的夹角还是一条射线到另外一条射线的方向角，都是由于一条

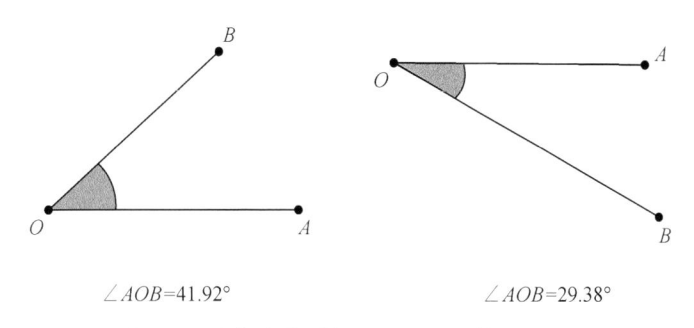

$\angle AOB=41.92°$ $\angle AOB=29.38°$

图 12-5 我们所熟悉的角实际上是射线的夹角

射线从另外一条射线出发绕它们的共同端点旋转了一定的角度而得到的，因此角也是旋转变换的结果．只不过，方向角与夹角的计算方式不同而已．

因此，如果运用动态的眼光看待问题，我们就可以说：角是利用旋转而得到的图形．

文化与思考

圆周为什么规定为 360°？

圆周规定为 360° 的原因，大家比较认可的说法是：古埃及人从太阳每天东升西落的周期运动和每隔一年尼罗河水定期泛滥的时间间隔上体会到"年"的含义．再加上埃及人发达的天文学使他们能很好地跟踪测定天狼星的天空轨迹，所以他们把一年规定为 360 天（虽然现在看来有一定的误差）．他们认为一年（即 360 天）的时间正好观测到黄道面循环一周，而且古人用一种朴素的哲学上的统一观点，认为 360 是一个世界上的常数，因此后来在天文观测以及圆周丈量的时候就用 360 作为圆周的度数．基于此，一个最简单的周期（圆周）所对的角就此定义为 360 度．

还有一种说法是，这是由 360 本身的性质决定的．采用 360 这数字，是因为它容易被整除．360 除了 1 和自己，还有 22 个真因子，包括了 7 以外从 2 到 10 的数字，所以很多特殊的角的角度都是整数．

第十三章　角度大小看圆弧

如图 13-1 所示，线段的长度等于两个端点之间的距离．而圆弧是弯曲的，圆弧的长度应该如何测量和计算呢？

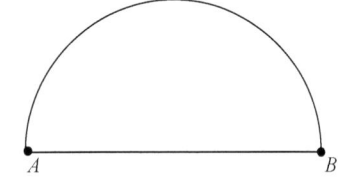

我们知道 π 在数学上叫做圆周率，简单地说，圆周率就是圆的周长与圆的直径之间的比率（即比例），它是一个常数．打开文件"13-圆周与直径的比率.zjz"，拖动点 P 可以改变圆的大小，观察动态测量与计算结果的变化规律，如图 13-2 所示．这个圆周率 π 是一个无穷不循环小数，即无理数，也就是说它在小数点之后的位数是无穷无尽的，并且不会出现循环的情况．一般情况下，要求不高的话，可以将 3.14 作为 π 的近似值．

图 13-1　线段 AB 和圆弧 AB

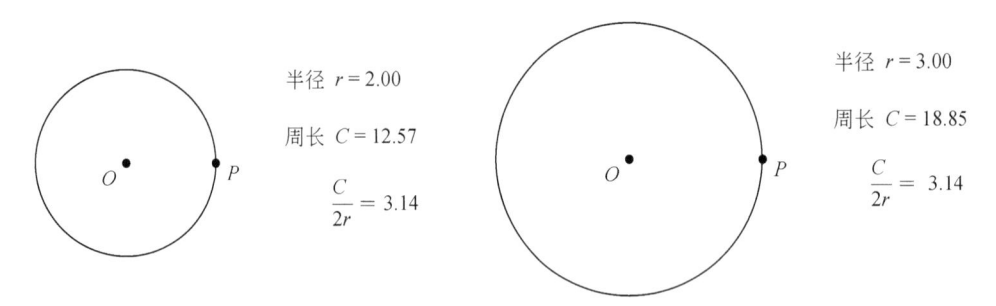

半径 $r = 2.00$

周长 $C = 12.57$

$\dfrac{C}{2r} = 3.14$

半径 $r = 3.00$

周长 $C = 18.85$

$\dfrac{C}{2r} = 3.14$

图 13-2　圆的周长与直径之比为常数 π

在了解到这个事实之后，我们就可以根据直径或半径直接求出圆的周长，即
圆的周长 $C = π ×$ 直径 d，或者圆的周长 $C = π × 2 ×$ 半径 r，简写成
$$C = πd, \text{ 或 } C = 2πr.$$
由此，如图 13-3 所示，若圆弧所在的圆的半径都是 r，那么很容易知道以下事实：半圆圆弧的长度为 $\dfrac{2π}{2}r = πr$；四分之一圆弧的长度为 $\dfrac{2π}{4}r = \dfrac{π}{2}r$；八分之一圆弧的长度为 $\dfrac{2π}{8}r = \dfrac{π}{4}r$；等等，以此类推：$k$ 分之一圆弧的长度为 $\dfrac{2π}{k}r$．

那么，上述几个弧长的表达式中，圆的半径 r 之前的系数分别是：$π$、$\dfrac{π}{2}$、$\dfrac{π}{4}$、$\dfrac{2π}{k}$．在半径已经知道的情况下，一旦知道了这些系数，就能够非常轻松地算出对应的圆弧长度．

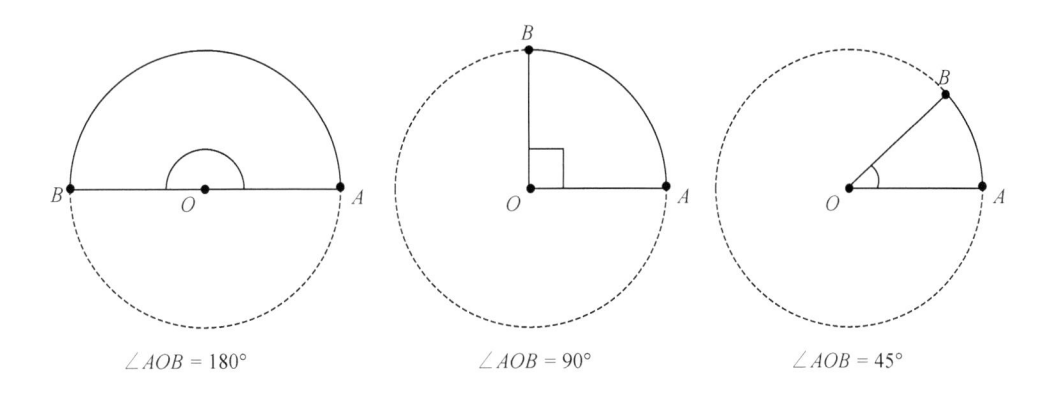

∠AOB = 180°   ∠AOB = 90°   ∠AOB = 45°

图 13-3　圆弧及其长度

我们将这些与圆弧的长度密切相关的系数，π、$\dfrac{\pi}{2}$、$\dfrac{\pi}{4}$ 和 $\dfrac{2\pi}{k}$ 等称为圆弧的弧度，如图 13-4 所示.

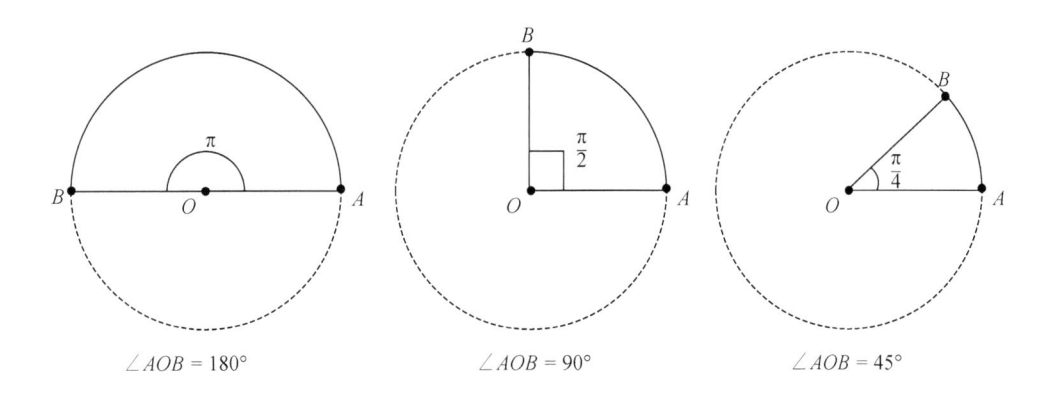

∠AOB = 180°   ∠AOB = 90°   ∠AOB = 45°

图 13-4　圆弧、角度与弧度

那么，在半径已知的情况下，由弧度乘以半径就是圆弧的长度. 亦即

$$弧度 = \dfrac{弧长}{半径},$$

所以，弧度与弧长和半径没有绝对的关系，而是与它们的比值有关.

通过前面的分析可以知道：

360°的角对应的弧度是 2π；180°的角对应的弧度是 π；90°的角对应的弧度是 $\dfrac{\pi}{2}$；45°的角对应的弧度是 $\dfrac{\pi}{4}$.

事实上，圆弧的弧度与角的度数有直接的关系.

对于一般度数的角，如 $n°$，所对应的弧度是多少呢？假如 $n°$ 的角对应的弧度为 a，

由式子 $\dfrac{360°}{n°} = \dfrac{2\pi}{a}$，可得 $a = \dfrac{n}{180}\pi$.

请你利用这个式子检验上面一些特殊角对应的弧度.

当然，将上面的式子变形为 $n = \dfrac{a}{\pi} \times 180$，就可以利用弧度求对应的角度.

反过来，1 弧度所对应的角是多少度呢？

将 $a = 1$ 代入 $n = \dfrac{a}{\pi} \times 180$，可求得约等于 57.30°. 看来这个数值比较一般，也不方便记忆. 实际上只要你理解了弧度的意义、作用以及弧度与角度之间的换算公式就已经足够了，而这个数值在需要时随时可以推导出来.

1°、2°、45°、90°、180°、360° 等这些角的度数，在古代以及现代天文观测、航海技术、远距定位、土地丈量等方面运用较多；而 π、$\dfrac{\pi}{2}$、$\dfrac{\pi}{4}$、$\dfrac{2\pi}{k}$ 等这些弧度值，在现代数学、工程计算、计算机科学等领域运用更加广泛. 在高中阶段以及以后要学习的数学内容中角的大小基本上以弧度的形式出现，因此我们较早地接触弧度的概念，并且理解和掌握它有助于我们更早地学习和掌握更多的数学知识.

思考与练习

（1）如果有一个圆弧 A，它的弧度是 $\dfrac{\pi}{3}$，它对应圆周的半径是 5. 那么这个圆弧占整个圆周的多少？

（2）如果有一个圆弧 B，它对应圆周的半径是 1. 如果说它的弧度是 3π，那么这个圆弧大致的形状是什么样的？

（3）圆弧 A 和圆弧 B，哪个更长？

第十四章　旋转可得靓图案

如图 14-1 所示，这些图案漂亮吗？它们有什么共同的特点？它们都是由哪些基本图形所组成的？由这些基本图形如何得到的？

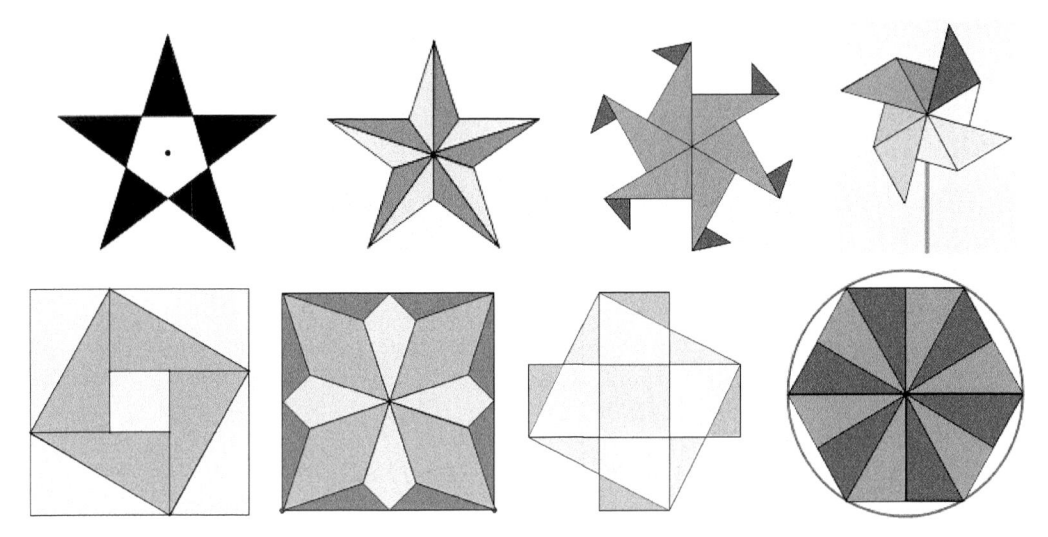

图 14-1　美丽的图案

可以看出，它们都是由基本图形经过旋转而得到的．因此在绘制这些图案的过程中只需要绘制出它们中的基本图形，然后经过旋转变换就可以得到整个图案，可谓是节约劳动、减轻负担．所以，找到基本图形是绘制整个图案的关键．同时还要通过分析图形的特点，找出旋转中心并计算出旋转角度．

下面我们就学习在计算机中利用旋转变换设计这些美丽的图案．

首先绘制第一行从左边数第二个五角星图案．

启动超级画板，隐藏坐标系；单击"画笔"，任意作一个点 A．

单击"选择"，选择点 A，单击"半径圆"，在弹出的用户输入对话框中输入：2，单击"确定"按钮就可以作出以点 A 为圆心、半径为 2 的圆．

单击"画笔"，在圆 A 上任取一点 B．

单击"选择"，同时选择点 B 和圆周，单击"圆内接正 N 边形"，在弹出的用户输入对话框中输入：5，单击"确定"按钮就可以作出圆 A 的内接正五边形，其中点 A 是正五边形的一个顶点，如图 14-2 所示．

单击多边形内部将其选中，单击"删除"工具，将多边形的内部删除，而只保留顶点．

单击"画笔"，连接线段 BE、CF 和 DF；作出线段 BE 和 CF 的交点 G、BE 和 DF

的交点 H，结果如图 14-3 所示.

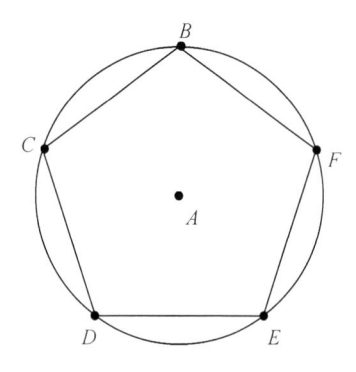

图 14-2 圆内接正五边形

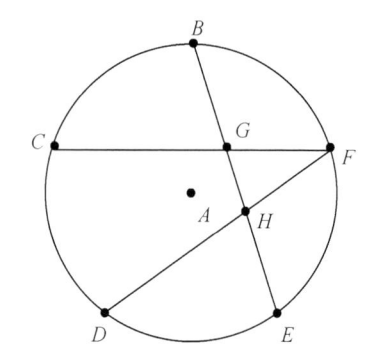

图 14-3 作出基本图形的框架

单击"选择"，同时选择点 A、点 G 和点 F，单击"多边形"，作出多边形 AGF，将其内部填充为黄色；类似操作，作出多边形 AHF，将其内部填充为橙色，如图 14-4 所示.

因为正五边形 BCDEF 的 5 个顶点将圆周五等分，所以圆弧 BF 所对的角为 $\frac{2\pi}{5}$ 弧度. 那么只需要将多边形 AGF 和 AHF 以点 A 为中心、按照 $\frac{2\pi}{5}$ 弧度的角不断旋转就可以得到图 14-1 中所展示的图案.

选择点 A，单击"变换"菜单中的"指定旋转或放缩中心"，将点 A 指定为中心.

单击"变换"菜单中的"指定旋转角或放缩倍数参数"，在弹出的对话框中输入：2*pi/5，单击"确定"按钮完成，将 2*pi/5 弧度设置成了旋转角.

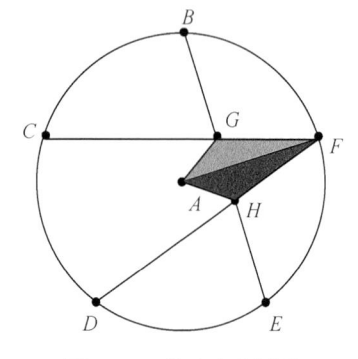

图 14-4 构造基本图形

设置了旋转中心和旋转角度，就可以将对象进行旋转操作了.

隐藏点 B 之外的所有点、所有线段和圆周.

选择两个多边形，连续 4 次单击工具条中的"旋转"命令，结果如图 14-5 所示.

选择点 B，单击"动画"，在弹出的动画属性对话框中选择"类型"为：重复运动，单击"确定"完成.

单击"名字"，可以隐藏点 B 的名字；选择点 B，单击"缩小"可以减小点 B 的大小，以能够使得它与整个图案看起来协调一致.

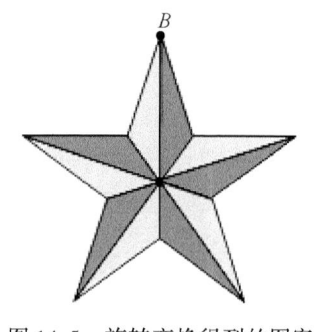

单击动画按钮还可以让图形绕其中心不停地旋转起来.

图 14-5 旋转变换得到的图案

思考与练习

（1）对于上面所设计的图案，你还有其他方法去完成吗？请你找出两种与上面不同的方法在计算机上将它绘制出来.

（2）请你在计算机上，利用旋转变换设计出图 14-1 中的其他七个图案.

（3）如图 14-6 所示，这个图案有什么特点？不同颜色的正方形之间有什么关系？

图 14-6　层层叠叠的正方形

第十五章　旋转半周谓对称

图 15-1 是两个形状与大小完全相同的小鱼图案，图 15-2 是形状与大小完全相同的两个三角形．仔细观察这两幅图案，两条小鱼之间有什么关系，两个三角形之间呢？

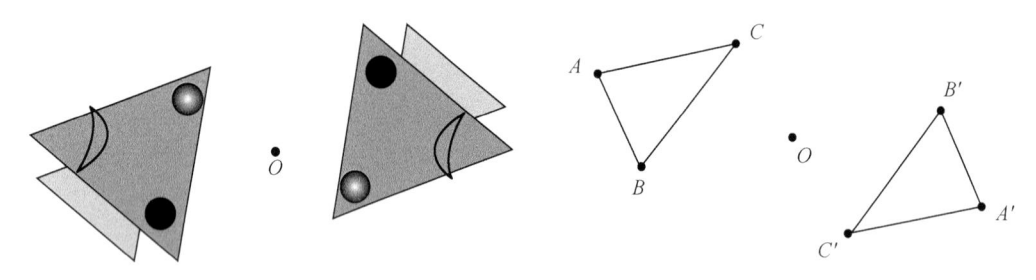

图 15-1　两条模样相同的小鱼　　　　　图 15-2　两个形状相同的三角形

打开文件"15-形状相同的图案.zjz"，单击"旋转"按钮，可以发现右侧的小鱼图案绕点 O 旋转后与左边的小鱼图案完全重合在一起，结果如图 15-3 所示．

在这个过程中，小鱼旋转了多少度呢？单击"返回"按钮，可以观察到旋转到左侧的小鱼又重新回到了右侧原来的位置．

单击"名字"命令，可以显示出所有点的名字．

按住 Ctrl 键，选择左上侧的鱼眼睛对应的点 P、旋转中心 O 和右下侧的鱼眼睛对应的点 P'，单击"角的值"命令，得到 $\angle POP'$ 的测量值，结果如图 15-4 所示．

$\angle POP' = 180°$

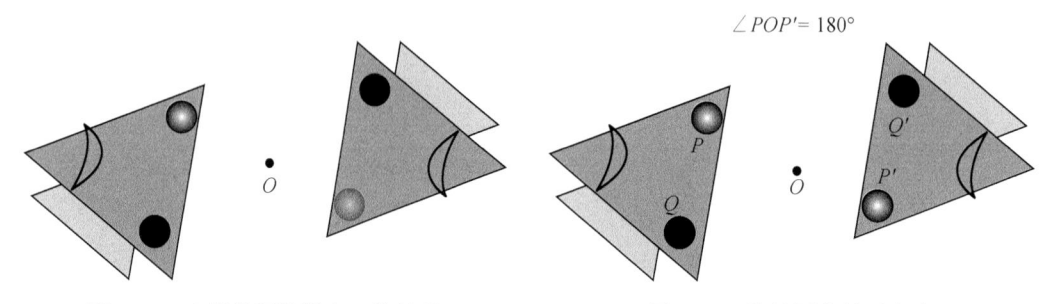

图 15-3　右侧的图案绕点 O 旋转后
与左侧的图案重合

图 15-4　旋转图案的对应点
与旋转中心所成的角为 $180°$

事实上，两个小鱼是关于点 O 的中心对称图形．

通过上面的动态旋转过程以及测量结果，不难理解中心对称的含义：如果一个图形绕着某一个点旋转 $180°$ 后能够与另外一个图形重合，那么就说这两个图形关于这个点对称或中心对称，这个点就叫做对称中心．这两个图形中的对应点，例如图 15-4 中的点 P 与点 P'、点 Q 与点 Q'，叫做关于中心的对称点．

按键盘中的 PageDown 键，转到下一页，如图 15-5 所示，三角形 ABC 与三角形 A'B'C'关于点 O 中心对称．你可以通过"旋转"按钮进行验证它们是否能够重合．

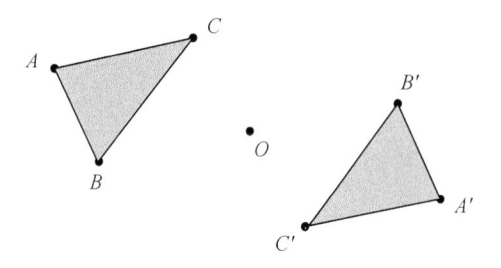

图 15-5　两个三角形关于点 O 中心对称

在图形旋转过程中，任何一组对应点到中心的距离都相等．中心对称图形是旋转图形的一个特例，当然也不例外．所以，在图 15-5 中有：$AO = A'O$、$BO = B'O$、$CO = C'O$. 又因为△AB'C'可以看成是将△ABC 绕中心 O 旋转了 180°所得到的，所以任何一组对应点之间的连线都经过对称中心，如图 15-6 所示．

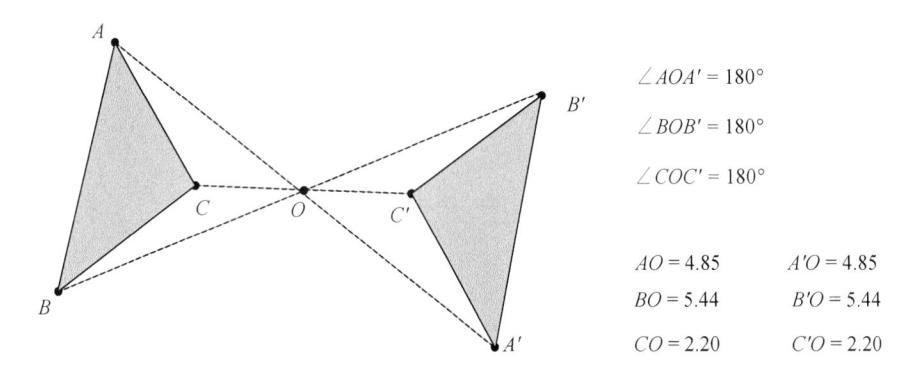

$\angle AOA' = 180°$
$\angle BOB' = 180°$
$\angle COC' = 180°$

$AO = 4.85$　　$A'O = 4.85$
$BO = 5.44$　　$B'O = 5.44$
$CO = 2.20$　　$C'O = 2.20$

图 15-6　对称点之间的连线经过对称中心并且被对称中心所平分

那么如何画已知图形关于某个点的对称图形呢？

例如，如图 15-7 所示，请画出五角星关于点 O 的对称图形．

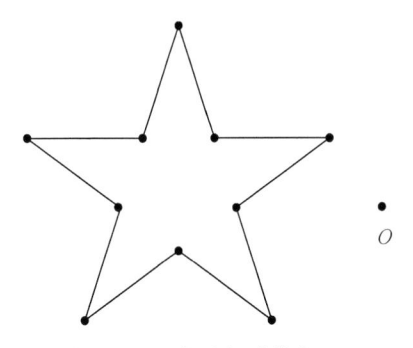

图 15-7　五角星与对称中心 O

绘制五角星的步骤就不再重复叙述了，关键是构造出五角星的 10 个顶点，请你首先自己动手自己绘制出上述五角星.

按住 Ctrl 键,按照顺序依次选取五角星的 10 个顶点,单击"作图"菜单中"点"子菜单下的"多边形边界上的点"命令,作出五角星边界上的点 K. 拖动点 K,你会发现它总是在五角星的边界上运动,那么它能代表五角星边界上的任意点.

依次选择点 K 和点 O,单击工具条中的"对称点"命令,作出点 L.

单击"画笔",连接线段 KO、LO;单击"选择",同时选择线段 KO 和 LO,通过属性工作区将它们设置为虚线显示;测量线段 KO 与 LO 的长度.

选择点 K,单击"动画",在弹出的动画属性对话框中设置"动画的运动频率"为:500,单击"确定"按钮完成.

选择点 L,单击"跟踪".

单击"动画"按钮,结果如图 15-8 所示,得到五角星关于点 O 的对称图形,同时可以发现,无论点 K 在原来五角星上任何位置,都有 KO = LO 成立.

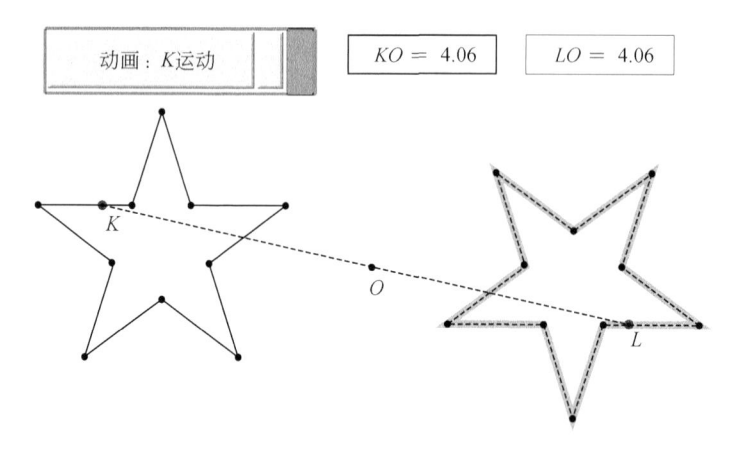

图 15-8 利用五角星边界上的点关于点 O 的对称点得到对称图形

再如,如图 15-9 所示,可以画三角形 ABC 关于 AC 中点 O 的对称图形.

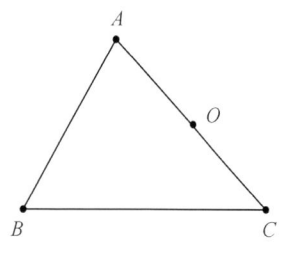

图 15-9 三角形 ABC 及 AC 边的中点 O

启动新的超级画板文档;单击"画笔",画任意三角形 ABC 和 AC 的中点 D.

单击"选择",双击点 D,将其名字修改为 O.

因为点 O 是 AC 的中点,所以点 A 和点 C 关于点 O 中心对称. 所以,将线段 AC 绕点 O 旋转 180° 之后能够与它自身重合. 因此画三角形 ABC 关于点 O 的对称图形,只需要作出点 B 关于点 O 的对称点即可.

选择点 O,单击"指定旋转或放缩中心"命令,将点 O 指定为旋转中心.

单击"指定旋转角或放缩倍数参数……?"命令,在弹出的用户输入对话框中输入:pi,单击"确定"完成.

单击"对象"菜单中的"设置新点的名字"命令,在弹出的对话框中输入:D,

单击"确定"按钮完成．设置完成之后，新作出的点其名字从 D 开始．

选择点 B、线段 AB 和线段 BC，单击"旋转"命令，结果如图 15-10 所示，得到三角形 ABC 关于点 O 的对称图形．

得到了一个平行四边形 ABCD，点 O 就是平行四边形对角线 AC 与 BD 的交点．这是因为：线段 AB 绕点 O 旋转 180°之后得到了与它平行的线段 CD，线段 BC 绕点 O 旋转 180°之后得到了与它平行的线段 DA，即 AB//CD 并且 BC//DA，所以四边形 ABCD 是一个平行四边形．

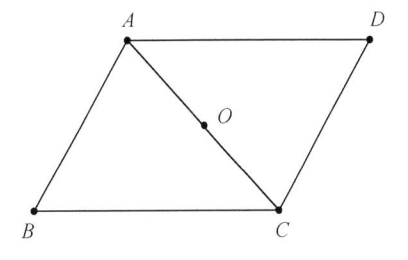

如果平行四边形 ABCD 绕点 O 旋转 180°，结果会如何呢？请你自己动手操作进行实验．

图 15-10 得到三角形 ABC 关于点 O 的对称图形：三角形 ADC

可以发现，平行四边形绕点 O 旋转 180°后，能够与它自身重合，所以平行四边形是中心对称图形，平行四边形对角线的交点就是它的对称中心．

思考与练习

（1）把一个图形绕着某个点旋转 180°之后，能够与原来的图形重合的图形，都叫做中心对称图形．所以说，判断一个图形是否中心对称图形的关键是，看是否能够找到它的一个对称中心．线段是中心对称图形吗？如果是，它的对称中心在哪里？梯形呢？

（2）在超级画板中任意作一个点 A，作点 A 关于坐标原点 O 的对称点 B；测量点 A 和点 B 的坐标，如图 15-11 所示；拖动点 A，观察两个点的坐标变化情况以及它们之间的关系，从中你能得到什么规律？

（3）在一个新的超级画板文档中画任意点 A 和 B，作点 A 关于点 B 的对称点 C；测量点 A、点 B 和点 C 的坐标，如图 15-12 所示；拖动点 A 或者点 B，观察三个点的坐标变化情况，你能发现哪些规律？

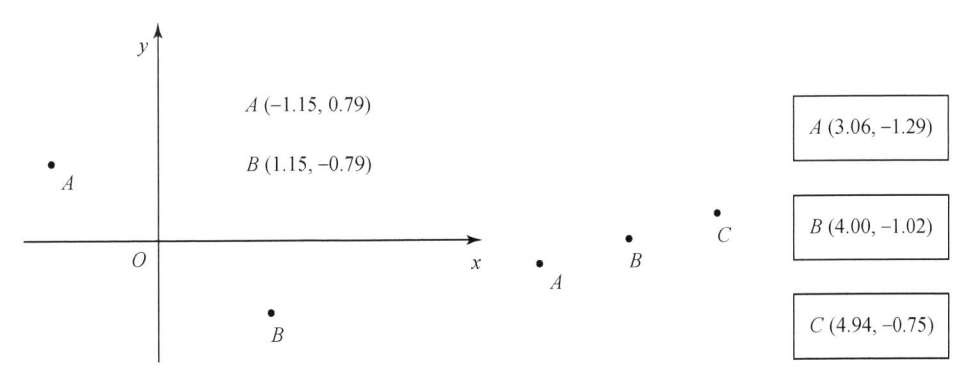

A (−1.15, 0.79)
B (1.15, −0.79)

A (3.06, −1.29)
B (4.00, −1.02)
C (4.94, −0.75)

图 15-11 点 A 与点 B 关于原点 O 对称   图 15-12 点 A 与点 C 关于点 B 对称

第十六章 利用旋转说面积

如图 16-1 所示，也许你知道三角形和梯形的面积公式？但是，你知道它们是如何推导得到的吗？

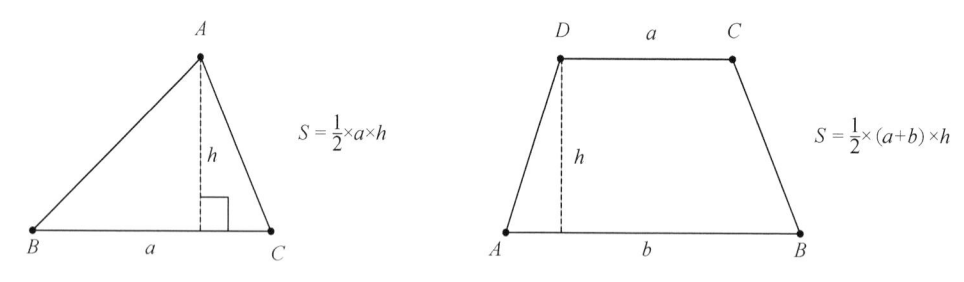

图 16-1 三角形和梯形的面积公式

下面我们利用旋转变换，通过平行四边形的面积推导出三角形和梯形的面积公式．

启动超级画板，单击"画笔"，作出任意点 A、B、C，连接线段 AC 并作出线段 AC 的中点 D．

单击"选择"，删除线段 AC 并将点 D 的名字修改为 O．

同时选择点 A、点 B 和点 C，单击"多边形"命令，作出多边形 ABC 并将其内部填充．

下面，将三角形 ABC 绕点 O 动态旋转 180°，即 pi 弧度．我们知道，若将旋转角设定为：pi，就直接得到了三角形 ABC 关于点 O 的对称图形．那么，如何动态展示这个旋转的过程呢？

我们可以采取的做法之一是：将旋转角设定为一个字母，如 t，然后让这个字母的数值从 0 变化到 pi，就实现了图形从原来的位置开始旋转到关于点 O 对称的位置结束．

选择点 O，将其指定为旋转中心．

单击"指定旋转角或放缩倍数参数"命令，在弹出的对话框中输入：t，单击"确定"按钮完成．

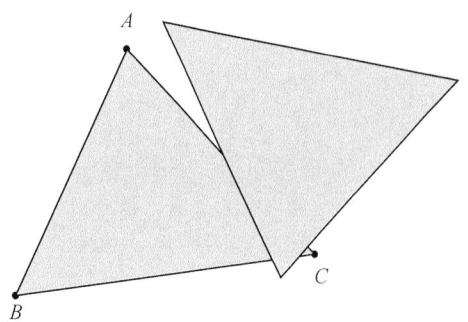

选择点 B 和多边形 ABC，单击"旋转"命令，结果如图 16-2 所示．

动画按钮能够帮助我们轻松地让字母 t 的值从 0 变化到 pi，操作方法是：

在什么都不选择的情况下，单击"动画"，在弹出的用户输入对话框中输入：t，单击"确定"按钮，弹出动画属性对话框．你希望让字母如何变化呢？那么就

图 16-2 三角形 ABC 绕点 O 旋转 t 弧度后的结果

在这个对话框中设置.

如图 16-3 所示，选择动画的"类型"为：一次运动；设置参数范围的"最小值"为：0、"最大值"为：pi，其他属性选项暂时不需要设置因此我们可以不去理会它们，单击"确定"按钮完成.

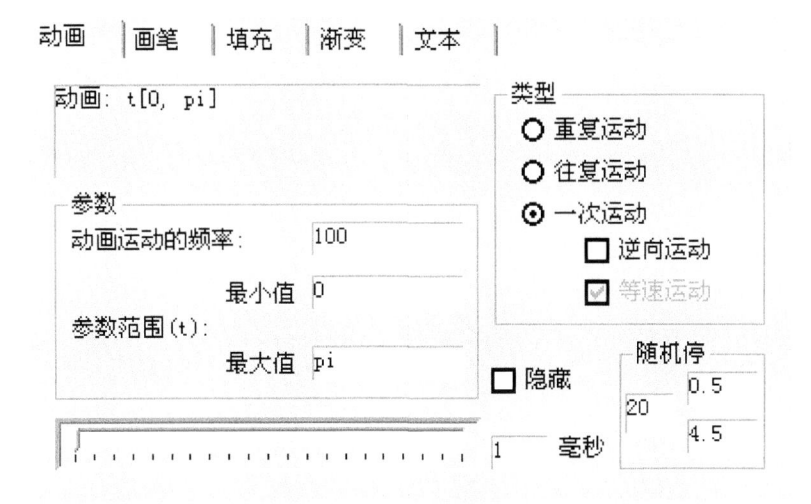

图 16-3 设置动画的各种属性

选择点 O，单击"前移"，使得点 O 不会被多边形遮挡.

选择两个多边形，多次单击"增加透明"命令，使得多边形不会遮挡其他对象.

单击"动画：t [0, pi]"按钮，结果如图 16-4 所示，通过复制与旋转三角形 ABC，得到了一个与三角形 ABC 等底、同高的平行四边形.

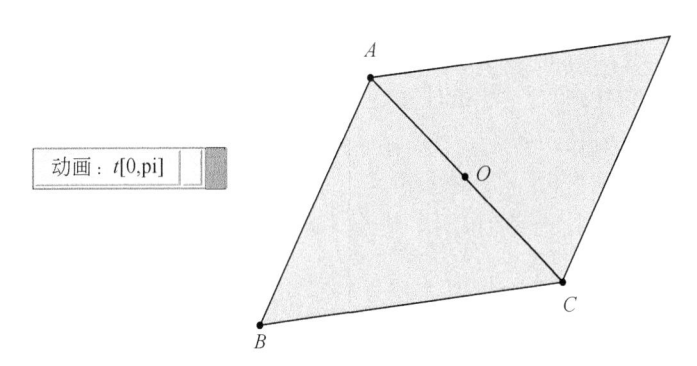

图 16-4 三角形旋转得到等底同高的平行四边形

因为旋转得到的三角形与三角形 ABC 的形状和大小完全相同，所以三角形 ABC 的面积为平行四边形面积的一半. 而平行四边形的面积等于底乘以高，所以三角形的面积等于底乘以高再除以 2.

单击"动画：t [0, pi]"按钮的中间部分，则旋转的图形重新回到与三角形 ABC 重合的位置. 也就是说动画按钮的中间辅助按钮与它左边主按钮的运动过程的方向是相反的，这个功能在动画"类型"为一次运动时才能起到作用，才有意义.

你能利用类似的方法说明梯形的面积公式吗？如图 16-5 所示，请你自己动手由梯形旋转得到平行四边形，并利用平行四边形的面积推导得到梯形的面积．

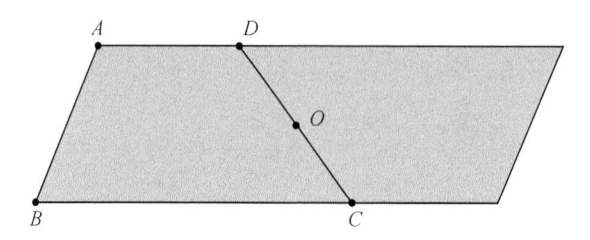

图 16-5 旋转梯形得到同高的平行四边形，其底长为梯形的上底与下底之和

实际上，我们也可以将三角形变形为长方形，由长方形直接推到出三角形的面积．过程如下：

建立新的文档或页面．

单击"画笔"，画任意三角形 ABC；作点 A 到底边 BC 的垂足 D，作 AB 的中点 E、AC 的中点 F，如图 16-6 所示．

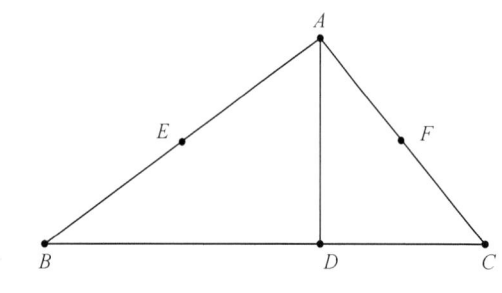

图 16-6 三角形 ABC

同时选择点 A、点 B 和点 D，单击"多边形"命令，作出多边形 ABD；通过类似操作，作出多边形 ACD，并把它们填充为同一种颜色；选择两个多边形，单击"文本边界"，隐藏多边形的边界；选择两个多边形，多次单击"增加透明"，增加它们的透明度．

我们希望实现的过程是：三角形 ABD 绕点 E 旋转的过程中，三角形 ACD 也同时绕点 F 旋转；而且要求三角形 ABD 绕点 E 顺时针旋转，而三角形 ACD 绕点 F 顺时针旋转，这样就使得两个图形通过外部旋转而尽量不遮挡原来的图形．

三角形 ACD 绕点 F 顺时针旋转的过程，可以通过将旋转角设置为 t，而让 t 从 0 变化到 pi 的过程实现．那么，与此同时三角形 ABD 绕点 E 逆时针旋转的过程如何实现呢？请学习和研究下面的操作过程：

指定旋转中心为：点 E，指定旋转角为：t，将多边形 ABD 旋转．

选择点 F，单击"目前正在使用的旋转或放缩中心为：点 E"命令，从而将旋转中心指定为点 F；单击"目前正在使用的旋转角为：t"命令，在弹出的用户输入对话框中将旋转角修改为：-t，单击"确定"完成；将多边形 ACD 旋转．结果如图 16-7 所示．

单击"动画"，在弹出的用户输入对话框中输入：t，单击"确定"按钮；在动画属性对话框中设置运动"类型"为：一次运动，设置参数的范围为：0 到 pi.

单击"动画：t [0, pi]"按钮，结果如图 16-8 所示，将两个直角三角形旋转后得到一个同底、同高的长方形，所以三角形的面积等于底乘以高再除以 2.

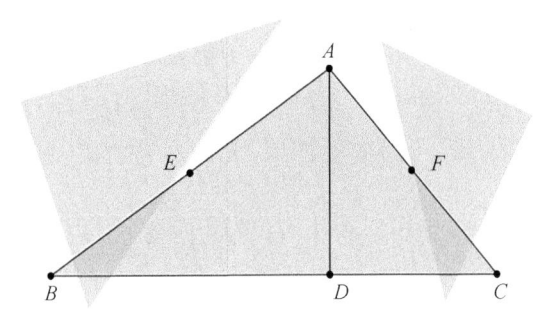

图 16-7　三角形 ABD 和三角形 ACD 分别绕点 E 和点 F 旋转

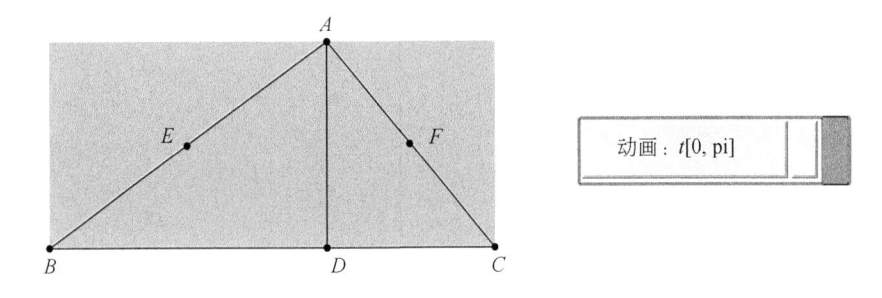

图 16-8　三角形分割成两个直角三角形后再旋转得到一个同底同高的长方形

动画：t[0, pi]

思考与练习

（1）图 16-6 中的三角形 ABC 是一个锐角三角形，即它的三个角都是锐角．若 $\angle A$ 是钝角，如图 16-9 所示，那么上述说理过程仍然成立；若 $\angle B$ 或者 $\angle C$ 是钝角，如图 16-10 所示，应该如何通过矩形的面积推导得到三角形的面积呢？

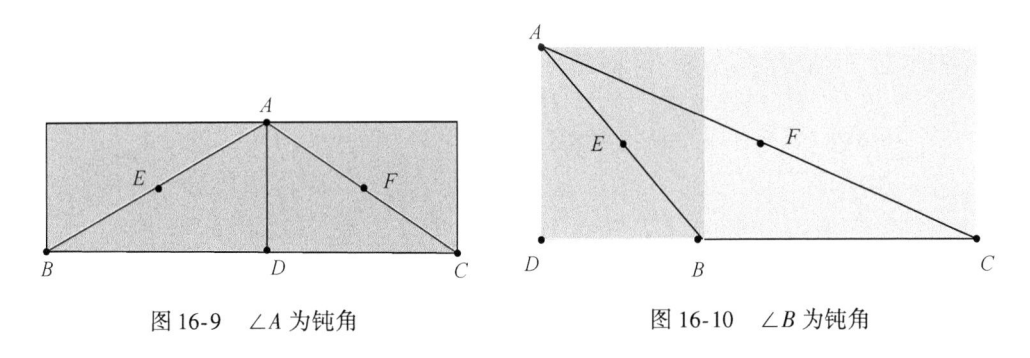

图 16-9　$\angle A$ 为钝角　　　　图 16-10　$\angle B$ 为钝角

（2）如图 16-11 所示，点 D、点 E 分别是三角形 ABC 的边 AB、AC 的中点，那么点 D 和点 E 之间的连线就叫做三角形 ABC 的中位线．三角形的中位线有一条重要的性质是：三角形的中位线平行于第三边并且它的长度等于第三边的一半，即 DE//BC 且 DE = BC/2．请你自己动手在计算机上检验这条重要的性质．

（3）在图 16-11 中，三角形 ADE 与三角形 ABC 的形状相似而大小不同，具有这种

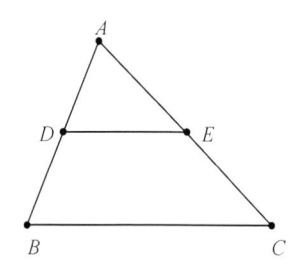

图 16-11　DE 是三角形 ABC 的中位线

性质的两个图形叫做相似图形．两个相似图形之间，对应部分的长度都成比例，例如在相似三角形 ABC 与 ADE 中，AD 与 AB 的比、AE 与 AC 的比以及 DE 与 BC 的比均为 1:2. 同样，边 DE 上的高 AF 也等于边 BC 上的高 AG 的 $\frac{1}{2}$，如图 16-12 所示，因此 FG 的长度也等于 AG 的 $\frac{1}{2}$. 那么就可以将三角形 ABC 按照图 16-13 所示剪切后，通过旋转得到同底而高为原来的 $\frac{1}{2}$ 的长方形，从而通过长方形的面积直接推导出三角形的面积（图 16-14）．

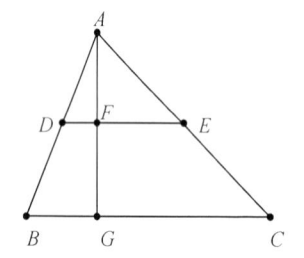

图 16-12　相似三角形中对应高的比等于对应边的比

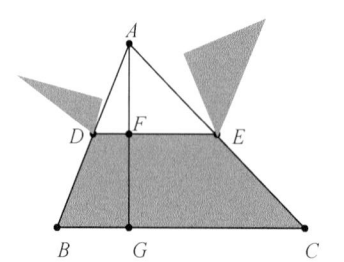

图 16-13　将三角形 ADE 剪切成为两个直角三角形

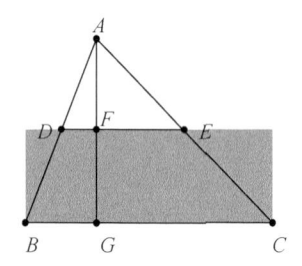

图 16-14　两个直角三角形分别绕点 D、E 旋转后与梯形 BCED 拼凑成长方形

第十七章 镶嵌还需用旋转

我们知道，对于任意的平行四边形来说，只需要经过平移变换就可以得到密铺图案，如图 17-1 所示．

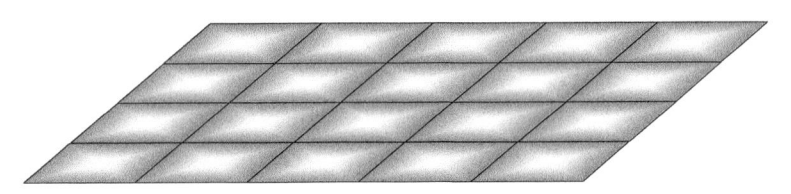

图 17-1　平行四边形通过平移变换得到的密铺图案

平行四边形是两组对边分别平行的四边形，那么只有一组对边平行的四边形——梯形是否能够得到密铺图案呢？

要回答这个问题其实并不困难．我们知道梯形绕它的一个腰的中点旋转 180° 就可以得到一个平行四边形，然后这个合成的平行四边形只需要经过平移变换也可以得到密铺图案，如图 17-2 所示．

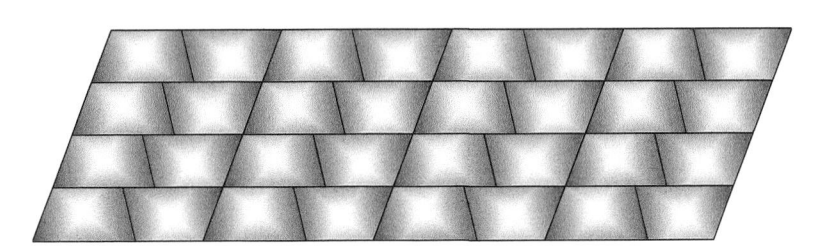

图 17-2　由梯形旋转得到平行四边形再通过平移变换得到的密铺图案

看来，无论利用哪种变换（反射、平移、旋转等），只要能够将一种图形组成平行四边形，就一定能够利用该图形得到密铺图案．

那么，对于没有任何一组对边平行或相等的任意四边形呢？如图 17-3 所示，利用它们是否能够得到密铺图案呢？

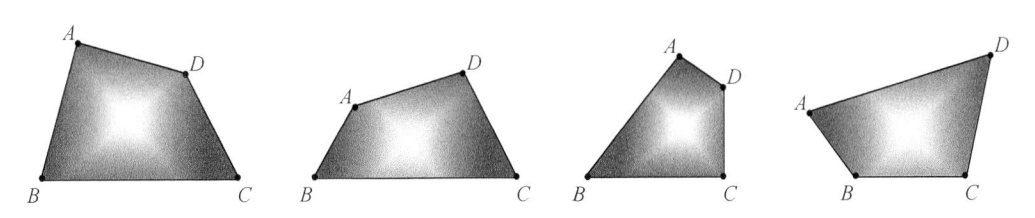

图 17-3　任意形状的四边形

请你自己先动手试试看．

启动超级画板.

单击"画笔",作任意四边形 ABCD.

单击"选择",依次选择点 A、点 B、点 C 和点 D,单击工具条中的"克隆多边形"命令,结果如图 17-4 所示,得到一个与四边形 ABCD 的形状与大小均相同的四边形 A'B'C'D'."克隆"就是"复制","克隆"得到的结果与原来的一模一样.

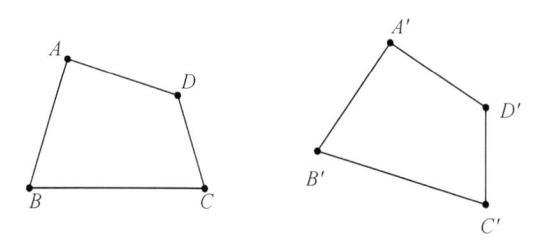

图 17-4 四边形 ABCD 与它的克隆:四边形 A'B'C'D'

四边形 ABCD 有四个顶点,那么在"克隆"这个四边形的过程中,就需要按照顺序选择四个顶点,在这里分别是点 A、点 B、点 C 和点 D. 在得到的克隆多边形中,点 A 和点 B 所对应的点可以被拖动,而其他点则均不能被拖动. 我们将点 A 和点 B 在克隆多边形中对应的点分别称为克隆图形的第一个点和第二个点.

拖动克隆图形的第一个点可以平移克隆多边形的位置. 当然,选中克隆多边形的内部并拖动也可以平移它的位置.

拖动克隆图形的第二个点可以使得克隆多边形绕第一个点任意旋转. 当然,双击克隆多边形的内部也可以使得它绕第一个点旋转,但每双击一次就按逆时针方向旋转45°. 不过,在按住 Ctrl 键的情况下,双击鼠标就可以使得它按照顺时针方向旋转.

这样,就可以按照你的要求任意摆放克隆多边形了.

继续克隆四边形 ABCD,得到多个与四边形 ABCD 的形状与大小完全相同的四边形,即四边形 ABCD 的克隆多边形,如图 17-5 所示. 请你操作试试看,利用它们能否组成密铺图案?

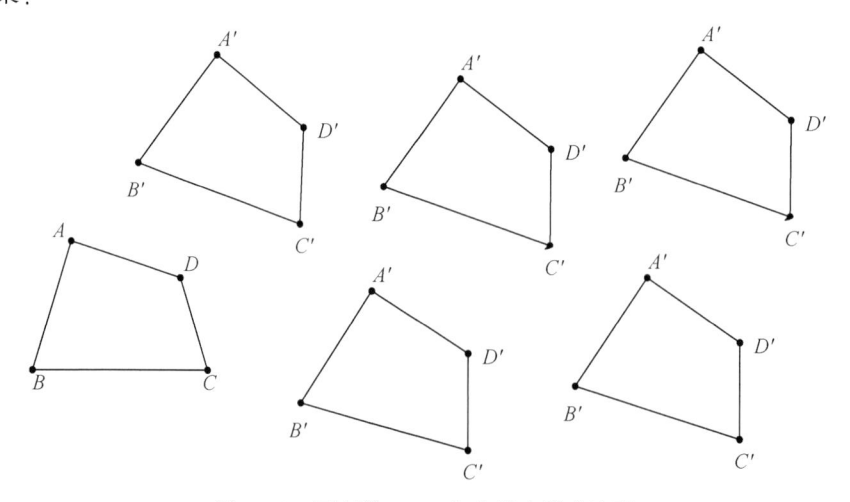

图 17-5 四边形 ABCD 与它的克隆多边形

第十七章　镶嵌还需用旋转

如果任意形状的四边形 ABCD 能够构成密铺图案，那么首先需要考虑以下两个问题：

第一，我们把与四边形 ABCD 相邻的四边形记作 A'B'C'D'，当然四边形 A'B'C'D' 与四边形 ABCD 的形状与大小完全相同．若能够构成密铺图案，则四边形 A'B'C'D' 与四边形 ABCD 一定有公共边．以四边形 ABCD 的边 CD 为例，若两个四边形没有公共边，如图 17-6、图 17-7 所示，观察点 D 处可知，四边形 ABCD 的任何一个角都不可能不留空隙、不重叠地铺在 ∠D 的补角处，因此不可能形成密铺图案（若两个角的和为 180°，那么其中一个角就称为另一个角的补角，或者说两个角互补．在图 17-6 中 ∠D 的补角是 ∠ADB'，在图 17-7 中 ∠D 的补角是 ∠ADA'）．

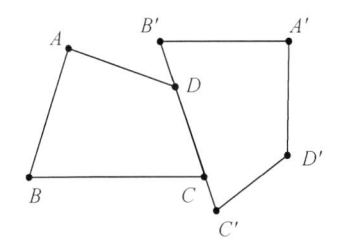

图 17-6　不可能形成密铺的方案 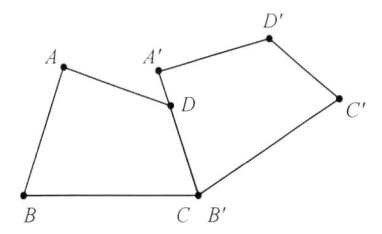　　　图 17-7　不可能形成密铺的方案

第二，若四边形 A'B'C'D' 与四边形 ABCD 有公共边 CD，则通过四边形 ABCD 得到四边形 A'B'C'D' 的方式只有两种：作四边形 ABCD 关于直线 CD 的对称图形，如图 17-8 所示；或者作四边形 ABCD 关于 CD 中点的对称图形，如图 17-9 所示．

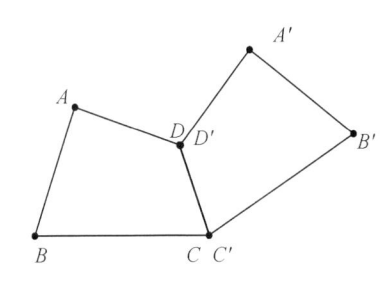

图 17-8　两个四边形关于直线 CD 对称 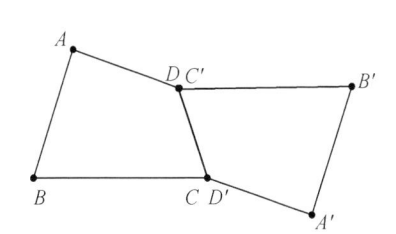　　　图 17-9　两个四边形关于线段 CD 的中点对称

第三，图形能够密铺的关键是，在任何一点处能否由已知的角不重叠、不留空隙地拼凑在一起而形成 360° 的角．我们知道三角形的内角和为 180°，而四边形可以分割成为两个三角形，如图 17-10 所示，因此四边形的内角和为 360°．以点 D 处为例，因为 ∠D 已经存在，所以在点 D 处只需要再构造与四边形另外三个角分别相等的角即可．

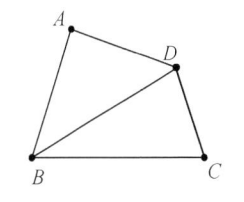

图 17-10　可以将四边形划分为两个三角形

第四，可以看出，只有在图 17-9 的基础上才有可能进一步得到密铺图案，而在图 17-8 的基础上不可能得到密铺图案．这是因为，在图 17-8 的基础上，与四边形 ABCD 具有公共边 AD 的四边形只有两种方式可以得到：作四边形

59

$ABCD$ 关于直线 AD 的对称图形，如图 17-11 所示；作四边形关于 AD 中点的对称图形，如图 17-12 所示．即使再接着继续下去，这两种情形下，都不可能形成密铺图案．

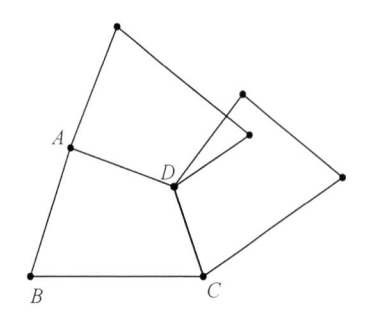

图 17-11　利用轴对称变换得到的四边形 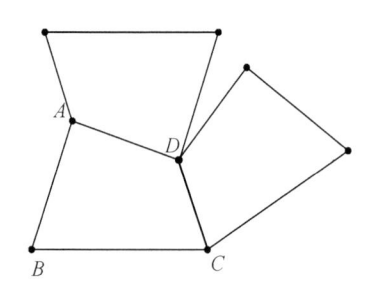　　　图 17-12　利用旋转变换得到的四边形

因此，我们需要在图 17-9 的基础上继续探索形成密铺的方案．

在图 17-9 中，在点 D 处已经存在了 $\angle D$ 以及与 $\angle C$ 相等的 $\angle C'$，那么接下来只需要在点 D 处拼凑分别与 $\angle A$ 和 $\angle B$ 相等的角．

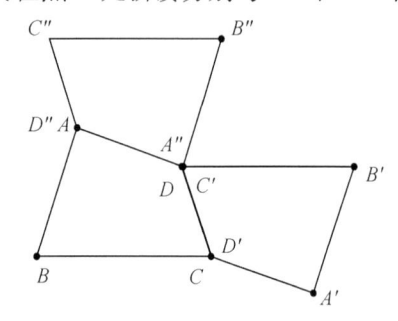

在前面讨论的基础上，我们不难理解，与四边形 $ABCD$ 具有公共边 AD 的四边形 $A''B''C''D''$ 需要将四边形 $ABCD$ 绕边 AD 的中点旋转 $180°$ 而得到，如图 17-13 所示．

问题讨论到这里就豁然开朗了．在点 D 处有了 $\angle D$、与 $\angle A$ 相等的角、与 $\angle C$ 相等的角，因为 $\angle A + \angle B + \angle C + \angle D$ 等于周角，即 $360°$，所以点 D 处留下的空隙一定等于 $\angle B$ 的值．

图 17-13　在点 D 出构造与 $\angle A$ 相等的角

同时又因为 $A''B'' = AB$ 以及 $C'B' = BC$，所以只需要将四边形 $ABCD$ 沿着向量 BD 平移，就可以在点 D 处形成密铺图案，如图 17-14 所示．

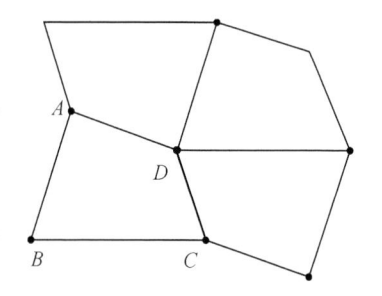

下面我们完成操作步骤：

启动超级画板．

单击"画笔"，画任意四边形 $ABCD$，作 CD 的中点 E、DA 的中点 F．

单击"选择"，同时选择点 A、点 B、点 C 和点 D，单击"多边形"，作出多边形 $ABCD$，并将多边形的内部填充．

指定旋转中心为：点 E，指定旋转角为：pi，将点 A、点 B 和多边形 $ABCD$ 旋转．

图 17-14　点 D 处的密铺图案

重新指定旋转中心：点 F，将点 B、点 C 和多边形 $ABCD$ 进行旋转．

依次选择点 B 和点 D，单击"变换"菜单中的"指定平移向量"，然后将点 D 和多边形 $ABCD$ 平移．结果如图 17-15 所示．

最后可以将线段 AB、BC、CD、DA 删除，将点 E 和点 F 隐藏．将四个多边形用不同的颜色填充，并增加它们的透明度，结果如图 17-16 所示．

图 17-15　通过变换得到了点 D 处的密铺图案

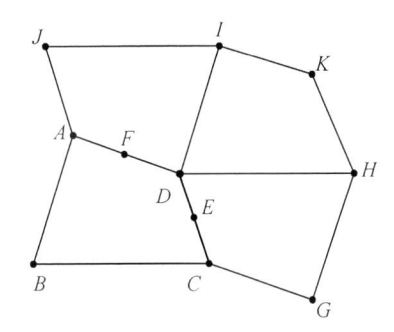

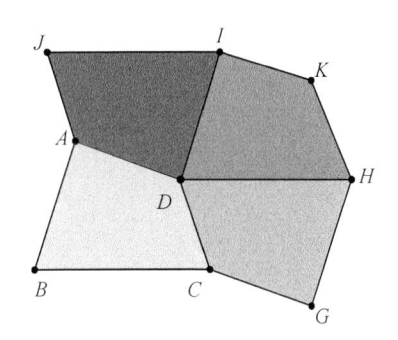

图 17-16　经过修饰的密铺图案

接下来怎么办呢？如何得到更大区域的密铺图案呢？

通过前面的操作过程，在图 17-6 中，根据中心对称变换和平移变换的性质，我们知道有以下结论成立：

线段 AB 与 GH 平行且相等．

线段 JA 与 HK 平行且相等．

线段 BC 与 IJ 平行且相等．

线段 CG 与 KI 平行且相等．

因为有一组对边平行且相等的四边形是平行四边形，所以，四边形 ABGH、四边形 AHKJ、四边形 BCIJ 和四边形 CGKI 均是平行四边形．当然，大的四边形 BGKJ 也是平行四边形，如图 17-17 所示．

这不正是我们在利用平移变换进行密铺图案过程中"变形"后的平行四边形吗？！因此，我们只需要将这个图案——实际上是八边形 ABCGHKIJ，当作基本图案分别按照向量 BG 和 BJ 进行平移就可以了（图 17-18）．继续操作：

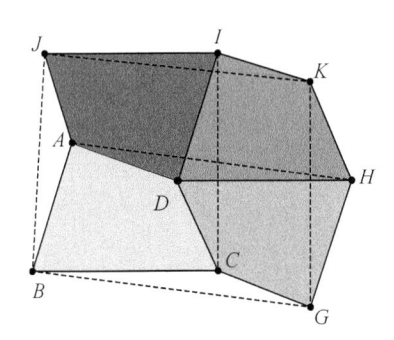

图 17-17　密铺图案中的平行四边形

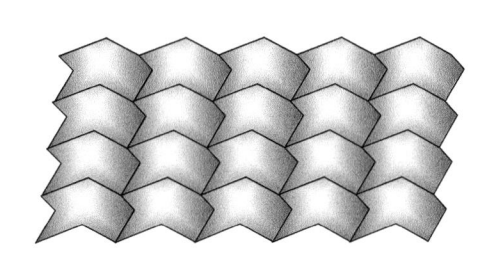

图 17-18　由变形的平行四边形组成的密铺图案

依次选择点 B 和点 G，单击"选定为平移向量"命令，然后选择多边形 ABCD、GHDC、DIJA、IDHK，多次执行"平移"命令，结果如图 17-19 所示．

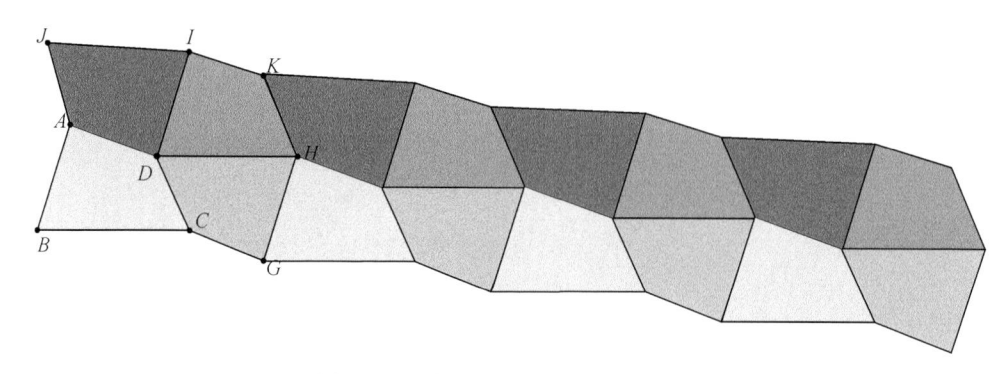

图 17-19　按照向量 BG 平移后的图案

重新指定平移向量：BJ，选择所有的多边形，然后多次执行"平移"命令，结果如图 17-20 所示．

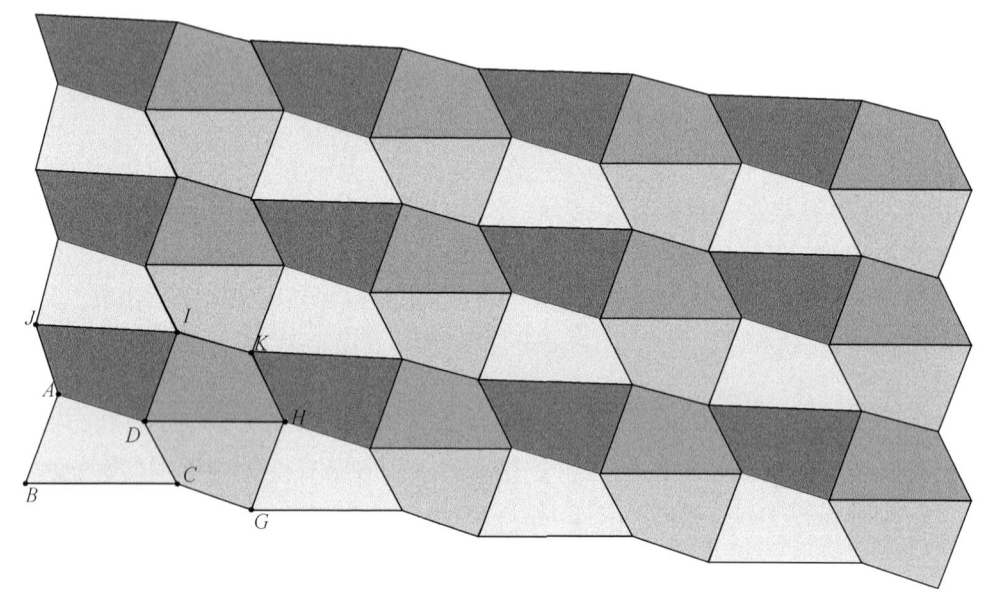

图 17-20　按照向量 BJ 平移后的图案

思考与练习

（1）通过以上操作可以看出，利用任意四边形设计密铺图案的过程，最终还是要归结于对平行四边形的平移变换，虽然是变了形的四边形．密铺图案，实际上就是要求能够不重叠、无空隙地铺满整个平面．而平面是没有边界的，要多大就有多大．所以，事实上永远不可能铺满整个平面．但是通过上面的平移变换过程让我们发现，这个密铺的过程可以无限地继续下去，因此在理论上是可以铺满整个平面的．事实上，是否只有通过平移变换才能铺满整个平面呢？轴对称变换或者旋转变换可以实现吗？对图形本身又有什么要求呢？

（2）我们知道，通过旋转变换可以将任意三角形组合成为平行四边形，如图 17-21 所示，从而通过平移变换得到密铺图案．通过上面的研究，我们可以发现，通过任意四边形也可以得到密铺图案．那么，利用任意五边形能够得到密铺图案吗？任意六边形、七边形、八边形呢？如果可以得到密铺图案，请你设计并实现你的方案；如果不可以，请说明你的理由．

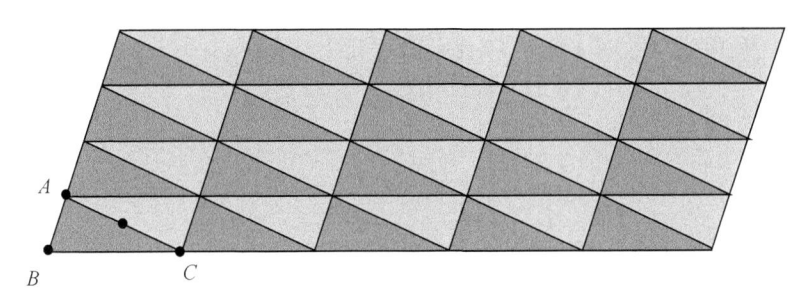

图 17-21　由任意三角形组成的密铺图案

第十八章　大小各异形状同

图 18-1 中有许许多多的三角形，这些三角形之间有哪些不同之处？又有哪些相同之处？

如果有一只大公鸡站在你的面前，在它的旁边有一排大公鸡从近到远依次整齐地排列．那么，距离你越近的大公鸡看起来就越大，距离你越远的大公鸡看起来就越小．打开文件"18-由近到远排列的公鸡.zjz"，如图 18-2 所示，最大的公鸡或者点 A 均可以被拖动，请你拖动试试看，能发现哪些变化规律？

图 18-1　许许多多的三角形

图 18-2　由近到远排列的大公鸡

图 18-1 中有许许多多的三角形，它们的大小不同，而形状却是相同的；在图中，画出来的一排大公鸡，一模一样，只是大小不同而已．

我们把这种形状相同的图形称为相似图形．

两个相似图形之间，形状相同，大小可以不同．那么将其中一个图形放大或者缩小，就可以得到另外一个图形．那么现在就让我们通过放大或者缩小一个图形得到另外一个图形吧．

在计算机上，与放大或者缩小对应的命令，叫做放缩．

启动超级画板；单击"画笔"，画任意线段 AB．

单击"选择"，同时选择点 A 和点 B，单击"正 N 边形"命令，在弹出的对话框中，输入：4，作出正方形 ABCD．

同时选择点 A 和点 C，单击"中点"命令，作出正方形的对角线 AC 的中点 E．对角线 AC 的中点 E 同时也是正方形的中心．

删除线段 AC；在正方形 ABCD 外取一个自由点 F，将点 F 的名字修改为：O，结果如图 18-3 所示．

依次选择点 O 和点 E，单击"动画"，在弹出的对话框中将按钮的名称修改为：点 O 为正方形的中心，单击"确定"完成．

隐藏点 E，单击按钮"点 O 为正方形的中心"，如图 18-4 所示，点 O 运动到点 E 的位置．

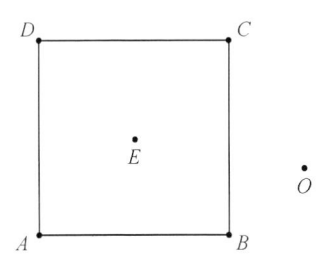

图 18-3　正方形与它的中心 E

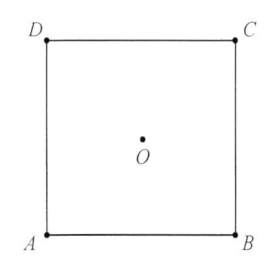

图 18-4　点 O 移动到正方形的中心位置

单击"变换"菜单下的"指定旋转或放缩倍数参数"命令，在弹出对话框中输入：0.5，单击"确定"按钮完成，就可以将 0.5 设置为放缩倍数．放缩倍数，即为放大或缩小的倍数．

指定了放缩倍数，就知道了把正方形 ABCD 放缩后的大小；放缩之后的图形位置在哪里呢？因此还需要指定放缩中心．就像旋转一个对象，需要事先指定旋转角和旋转中心一样．

选择点 O，单击"变换"菜单下的"指定旋转或放缩中心"命令，就将点 O 指定为放缩中心．

同时选择点 A、点 B、点 C、点 D 和多边形 ABCD，单击"变换"菜单下的"放缩"命令，结果如图 18-5 所示，得到正方形 GHIJ．

将点 G、点 H、点 I、点 J 的名字分别修改为：A′、B′、C′、D′．

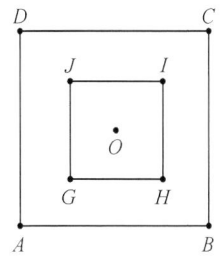

图 18-5　将正方形 ABCD 以点 O 为中心缩小 0.5 倍后得到正方形 GHIJ

拖动点 O，可以改变放缩中心的位置，则通过放缩得到的正方形 A′B′C′D′ 的位置也相应发生改变，而大小始终保持不变，如图 18-6、图 18-7 所示．

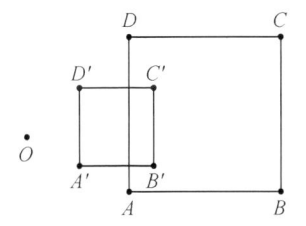

图 18-6　正方形 A′B′C′D′ 的位置随点 O 而改变

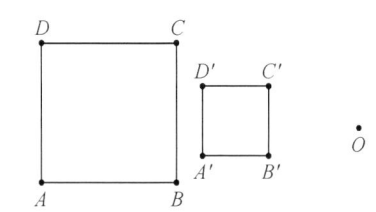

图 18-7　正方形 A′B′C′D′ 的位置随点 O 而改变

思考与练习

（1）我们知道，在图形旋转过程中，两个对应点到旋转中心的距离相等且保持不变，两个对应点与旋转中心所成的角（旋转中心为角的顶点）等于旋转角的大小．依次类比，在放缩图形中，你认为两个对应点、放缩中心、放缩倍数之间有哪些关系和哪些性质呢？请利用适当的方式验证你的猜想．

（2）以点 O 为中心、以 2 为放缩倍数，将正方形 ABCD 进行放缩．

第十九章 究竟何谓相似形

前面我们谈到,形状相同的图形叫做相似图形.

如图 19-1 所示,矩形草坪 EFGH 的长为 60 米、宽为 40 米,沿草坪四周有 10 米宽的环形人行道. 人行道内外所形成的两个长方形 EFGH 与 ABCD 是相似图形吗?

要回答上面这两个问题,需要我们利用数学的语言说明什么是相似,就需要知道通过验证哪些条件可以判断两个图形是否相似.

首先从我们熟悉的三角形开始,研究和探索相似图形的性质.

启动超级画板;单击"画笔",画任意三角形 ABC,在三角形 ABC 外任意画一点 D.

单击"选择",将点 D 的名字修改为:O.

将点 O 标记为中心;设置放缩倍数为:a;将点 A、点 B、点 C、线段 AB、线段 BC 和线段 CA 进行放缩. 结果如图 19-2 所示,得到放缩后的三角形 EFG.

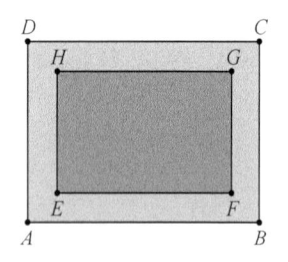

图 19-1 长方形的草坪和宽度相等的人行道

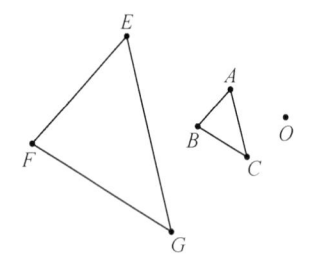

图 19-2 将三角形 ABC 放缩之后得到三角形 EFG

将点 E、点 F 和点 G 的名字分别修改为:A'、B'、C'.

三角形 ABC 与三角形 $A'B'C'$ 之间究竟有什么关系呢?a 的值是多少呢?它与两个相似三角形之间又有什么关系呢?

单击"变量"工具,如图 19-3 所示,在弹出的对话框中输入:a,将它的范围修改为:0 到 10,然后单击"确定"按钮完成. 如图 19-4 所示,就增加了一个可以观察和改变字母 a 的值的尺子,叫做字母 a 的变量尺. 通过该变量尺可以使得字母 a 在 0 到 10 这个范围内改变,当然你也可以打开它的属性对话框重新修改它的拖动范围.

同时选择线段 AB、线段 BC、线段 CA,单击"长度"命令,就得到了三角形 ABC 的三条边的长度测量值.

同时选择点 A' 和点 B',单击"长度"命令,就得到了线段 $A'B'$ 的长度测量值.

既然三角形 $A'B'C'$ 是通过三角形 ABC 放缩 a 倍后得到的,那么它们的边长之比是

否与 a 的值有关呢?

图 19-3　增加字母 a 的控制尺

图 19-4　字母 a 的控制尺

单击"计算"命令,就弹出一个可以进行运算的对话框. 双击线段 $A'B'$ 的长度测量结果,它就会出现在对话框的表达式编辑框中,然后输入分数线"/"(即"除以"),再双击线段 AB 的长度测量结果,如图 19-5 所示,单击"确定"按钮就可以得到线段 $A'B'$ 的长度与线段 AB 的长度之间的比值.

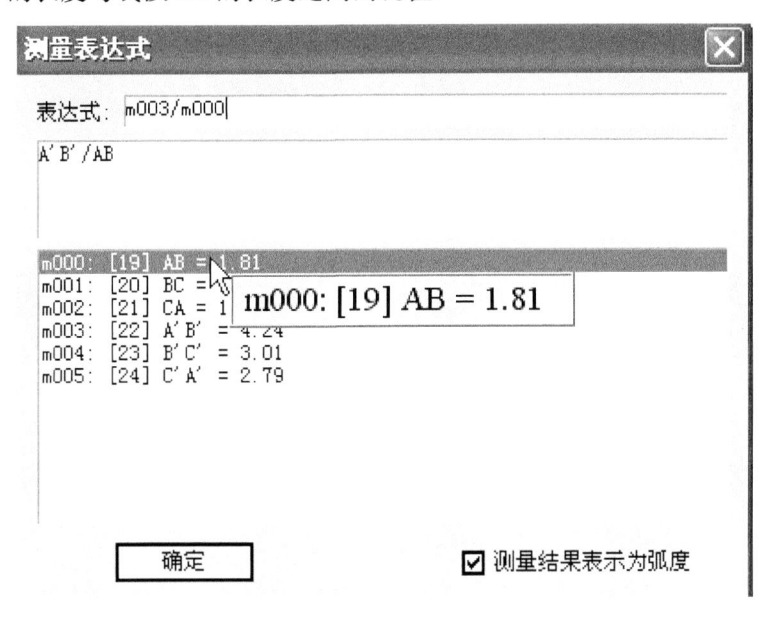

图 19-5　测量线段 $A'B'$ 与线段 AB 的长度之比

重复类似操作,请测量线段 $B'C'$ 与线段 BC 的长度之比、线段 $C'A'$ 与线段 CA 的长度之比. 完成后单击对话框右上方的 ✕,退出测量对话框. 在测量表达式对话框中可以看到,每个测量结果前面都有一个字母 m 加一串数字,我们将它们称作变量. 计算机把每一个测量(或计算)结果都用一个变量记录了下来. 第一个变量 m000,记录第一个测量(或计算)结果;第二个变量 m001,记录第二个测量(或计算)结果;第三个变量 m002,记录第三个测量(或计算)结果;以此类推. 当我们需要用到哪个测量结果进行运算时,只需要输入对应的变量代替就可以. m 是测量的英文单词 measurement 的第一个字母,而计算机习惯从 0 开始计数,所以测量结果的变量名分别是:m000,m001,m002,m003,….

如图 19-6 所示,可以看到,两个相似三角形中对应边的长度之比都相等,且等于放缩倍数 a 的值.

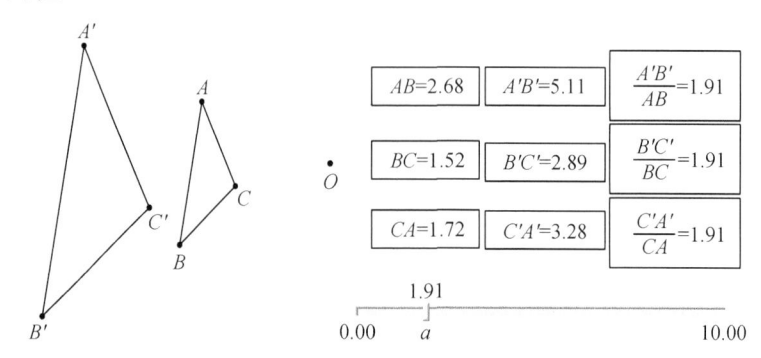

图 19-6 相似图形对应边的长度之比相等,且等于放缩比例

单击字母 a 的变量尺就可以将它选中,如图 19-7 所示,当光标移动到中间滑标的位置时,光标变为横向的形状"↔",这时单击鼠标并按住左右拖动就可以改变字母 a 的数值大小.

图 19-7 通过变量尺改变字母 a 的数值大小

可以发现,当字母 a 的数值大小改变时,三角形 $A'B'C'$ 各边的长度也会同时发生改变,而对应边的长度之比总是相等,并且等于字母 a 的数值大小.

也可以拖动点 A、点 B 或者点 C,而使得三角形 ABC 的形状发生改变. 在三角形 ABC 的形状发生改变的过程中,两个三角形的形状总是相同,并且对应边的长度之比总是相等. 事实上,对于任何相似多边形来说都有:

对应边的长度之比相等.

相似图形既然形状相同,那么它们的对应角就应该相等,我们可以通过测量检验这个结论.

依次选择点 C、点 A 和点 B,单击"角的值"命令,得到 $\angle CAB$ 的测量值;重复类似操作测量角 $\angle C'A'B'$ 的值,如图 19-8 所示,可以发现 $\angle CAB$ 的值等于 $\angle C'A'B'$ 的值.

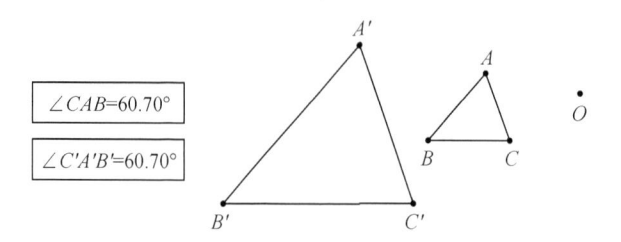

图 19-8 相似图形中对应角的大小相等

你可以继续测量其他两组对应角的大小，然后比较它们的值，可以发现对应角总是相等．而无论怎样改变三角形 ABC 的形状，对应角都始终相等．实际上，对于任何相似多边形来说都有：

对应角的值相等．

以上两个结论简称为：相似多边形的对应边成比例，对应角相等．我们把相似多边形对应边的比称作相似比．

反过来，若两个多边形满足对应边成比例以及对应角相等的条件，那么它们就是相似多边形．

思考与练习

（1）根据相似多边形的条件，你认为图 19-1 中所示的两个矩形 ABCD 与 EFGH 是相似多边形吗？请给出你的判断依据．

（2）我们知道，在图 19-6 中，三角形 $A'B'C'$ 是通过把三角形 ABC 以点 O 为中心、以 a 为倍数通过放缩变换得到的．反过来，以点 O 为中心，如果要将三角形 $A'B'C'$ 通过放缩变换得到三角形 ABC，那么放缩倍数应该是多少？

第二十章 搭建美丽圣诞树

圣诞节期间，大大小小的广场、商店内外都摆满了圣诞树，它们为节日带来了欢乐的气氛．图 20-1 就是一个由明亮的灯泡所编制而成的一个圣诞树．观察一下，这个圣诞树的结构有什么特点？

可以看到，圣诞树的树身是由六个圆台所组成的．圆台的轴截面，即它的正视图，是一个等腰梯形．从下往上，梯形逐步变小，而形状相同，是相似图形．下面就利用放缩变换建造一个按照你自己喜欢的色彩所设计的圣诞树吧．

启动超级画板；单击"画笔"，画任意点 A 和线段 BC．

单击"选择"，依次选择点 B、点 C 和点 A，单击"等腰梯形"，结果如图 20-2 所示，作出等腰梯形 $ABCD$．

图 20-1

单击"画笔"，作 BC 的中点 E，并在线段 BC 下方作出与 BC 垂直的线段 EF；在 EF 上取任意点 G，作出线段 AD 与线段 FE 延长线的交点 H．

单击"选择"，拖动点 G 到线段 AD 的上方．结果如图 20-3 所示，我们就将梯形 $ABCD$ 当作圣诞树最下方的圆台的轴截面图形，将线段 EF 当作圣诞树的主干树身，将点 G 当作圣诞树的顶端．

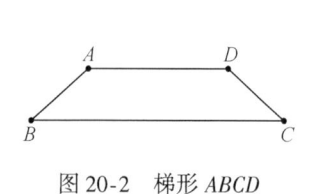

图 20-2 梯形 $ABCD$

图 20-3 圣诞树主干结构

以点 G 为中心将梯形 $ABCD$ 放缩就可以得到另外一个图形．如果希望通过放缩得到的梯形的下底边与线段 AD 共线，那么放缩的比例应该是多少呢？

若通过放缩得到的梯形其下底边与梯形 $ABCD$ 的上底边 AD 重合，那么点 H 与点 E 就是两个相似图形中的对应点．因此，放缩比例应为线段 GH 与线段 GE 的长度之比．

下面就让我们动手作出圣诞树的剩余部分．

同时选择点 G、点 H，单击"长度"，得到点 G 与点 H 之间的长度测量值；重复类似操作，测量点 G 与点 E 之间的长度测量值.

单击"测量"，如图 20-4 所示，在测量表达式对话框的编辑框中输入：m000/m001，单击"确定"就可以得到，线段 GH 的长度与线段 GE 的长度之比，如图 20-5 所示，计算机自动用变量 m002 记录. 然后关闭测量表达式对话框.

图 20-4　m000、m001 分别表示 GH、GE 的长度

图 20-5　计算机用 m002 表示 GH 与 GE 的长度之比

隐藏点 E、点 H、线段 AB、线段 BC、线段 CD、线段 DA.

同时选择点 A、点 B、点 C 和点 D，单击"多边形"，作出多边形 $ABCD$.

选择点 G，单击"变换"菜单中的"指定旋转或放缩中心"命令.

单击"变换"菜单中的"指定旋转角或放缩倍数"命令，如图 20-6 所示，在弹出的输入对话框中输入：m002，单击"确定"完成.

图 20-6　将 GH 与 GE 的长度之比设置为放缩比例

选择多边形 $ABCD$，单击"放缩"，再多次单击"放缩"，结果如图 20-7 所示，从

下到上逐步得到了圣诞树树身的各个部分.

双击多边形 ABCD 的内部,打开其属性对话框,在"填充"选项界面中选择"填充"选项,并选择"类型"为:路径渐变画刷;然后可以在"渐变"选项界面中重新设置中心颜色和边界颜色. 如图 20-8 所示,这是被装饰好的圣诞树,请按照你自己喜欢的类型和颜色装饰一下你自己的圣诞树吧.

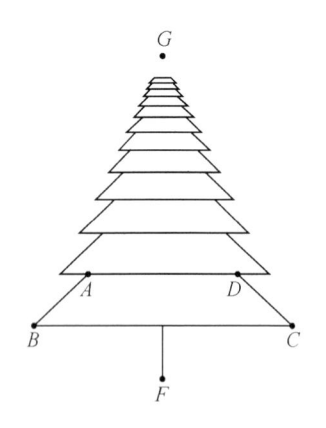

图 20-7　等待装饰的圣诞树　　　　　图 20-8　装饰漂亮的圣诞树

思考与练习

(1) 分别拖动点 A、点 B、点 C、点 F 或者点 G,观察圣诞树的形状有什么变化. 请你总结一下,这些点对圣诞树的形状分别有什么影响?

(2) 在上面的操作过程中,放缩比例 m002 小于 1,因此不断把放缩得到的多边形继续放缩,那么新得到的多边形距离放缩中心 G 就会越来越近. 你认为,通过放缩得到的多边形能够到达点 G 的位置吗?如果能够,那么至少需要经过多少次放缩之后才能到达?如果不能够,请说明你的理由.

第二十一章 放缩变换得位似

我们知道，通过放缩变换能够得相似多边形；反过来，若两个多边形相似，是否一定能够将其中的一个多边形通过放缩变换而得到另外一个多边形？

打开文件"21-两个相似三角形.zjz"，如图 21-1 所示，在三角形 ABC 与三角形 A'B'C'中，三组对应边成比例、三个对应角分别相等，所以三角形 ABC 与三角形 A'B'C' 是相似三角形．拖动点 B'可以改变线段 A'B'的方向和长度，三角形 A'B'C'的位置与大小也同时发生改变，但三角形 A'B'C'与三角形 ABC 相似的性质始终不变．

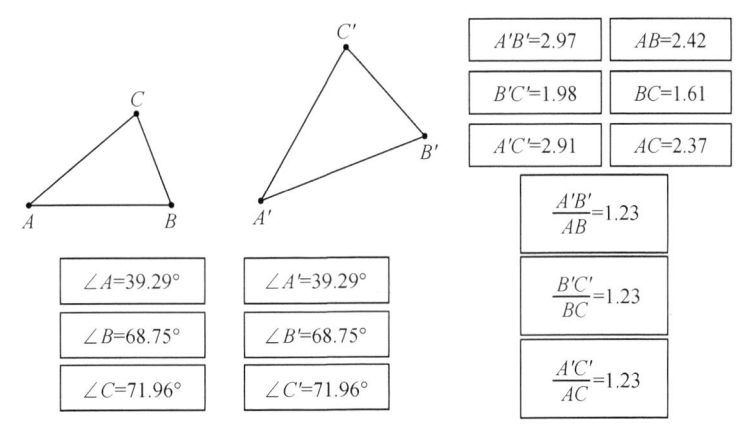

图 21-1 两个相似三角形

那么，是否能够将三角形 ABC 通过放缩变换而得到三角形 A'B'C'呢？如果你认为可以，请你找出放缩中心的位置；如果你认为不可以，能否说明其中的道理？

为了研究这个问题，我们需要进一步研究放缩图形的性质．首先通过放缩变换作两个相似三角形：

启动超级画板；单击"画笔"，任意作一个三角形 ABC 和任意点 D．

单击"选择"，双击点 D，将其名字修改为 O．

将点 O 标记为放缩中心，指定放缩比例为 a，将三角形 ABC 和线段 AB、BC、CA 放缩，得到放缩后的三角形 EFG，将点 E、点 F、点 G 的名字分别修改为：A'、B'、C'．

单击"变量"，在弹出的用户输入对话框中输入：a，保留它的取值范围：-10 到 10．

通过变量尺可以改变字母 a 的值．可以发现：当 a 为正数时，三角形 A'B'C'与三角形 ABC 在放缩中心 O 的同侧，如图 21-2 所示；当 a 为负数时，三角形 A'B'C'与三角形 ABC 在放缩中心 O 的两侧，如图 21-3 所示．

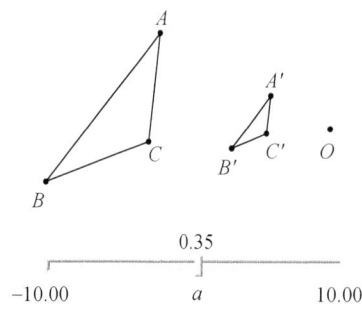

图 21-2　三角形 A′B′C′ 与三角形 ABC 在放缩中心 O 的同侧

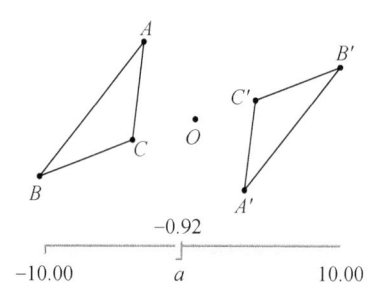

图 21-3　三角形 A′B′C′ 与三角形 ABC 在放缩中心 O 的两侧

放缩倍数 a 对三角形 A′B′C′ 还有哪些影响呢？我们选择放缩图形中的一个进行研究.

选择点 A′，单击"跟踪". 当然也可以在左边的对象工作区中选中点 A′ 的跟踪对象，然后通过工具条中的"画线颜色"命令设置跟踪颜色.

通过变量尺改变字母 a 的数值大小，如图 21-4 所示，可以观察到随着字母 a 的变化，点 A′ 所经过的路径是一条直线，并且这条直线经过点 A 和点 O.

也就是说，点 A′ 不可能出现在任何位置，而只能出现在点 A 和点 O 所确定的直线上，也可以说点 O 在对应点 A 和 A′ 之间的连线上.

图 21-4　放缩中心点 O 在对应点 A 和 A′ 之间的连线上

其实这一点不难理解，因为当 a 的值为 1 时，点 A′ 正好与点 A 重合，如图 21-5 所示；而当 a 的值为 0 时，点 A′（以及点 B′、点 C′）正好与点 O 重合，如图 21-6 所示.

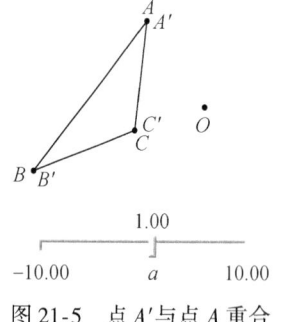

图 21-5　点 A′ 与点 A 重合

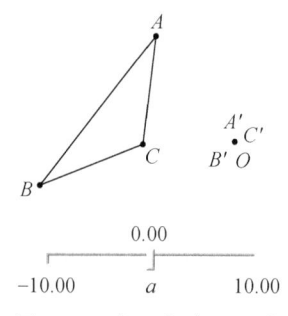

图 21-6　点 A′ 与点 O 重合

对点 B′、点 C′ 重新进行研究，也会得到相同的结果. 因此通过放缩的方式得到的两个相似多边形中，对应点之间的连线总是经过放缩中心. 所有对应点之间的连线都经过放缩中心，也可以叙述为：对应点的连线交于一点.

事实上，当字母 a 的值为 -1 时，如图 21-7 所示，正是三角形 $A'B'C'$ 与三角形 ABC 关于点 O 对称的情况．当然，点 O 经过任何一组对应点之间的连线的这条性质同样成立．同时，根据中心对称图形性质有：$AB//A'B'$、$BC//B'C'$、$CA//C'A'$．

当放缩比例不是 -1 而是其他数值时，以三角形 OAC 和三角形 $OA'C'$ 为例，总有
$$OA': OA = A'C': AC = C'O: CO = a.$$
根据平行线性质的判定问题知道 $AC//A'C'$.

图 21-7 当放缩比例为 -1 时三角形 ABC 与三角形 $A'B'C'$ 关于点 O 中心对称

同样，对于任何一组对应边来说都有：对应边也相互平行．

我们将这种对应点连线交于一点、对应边相互平行的两个相似多边形称之为位似图形，将对应点连线之间的交点称作位似中心．可见，我们通过放缩变换得到的图形与原来的图形就具有位似关系，而不单单是对应边成比例、对应角相等．

思考与练习

（1）利用放缩绘制大小不同的牛头图案．

单击"画笔"，作出任意点 A、B、C、D、E、F、G、H、I、J、K、L、M、N、P.

单击"选择"，依次选择点 A、B、C、D、E、F、G、H、I、J、K、L、M、N、P，单击"多边形"，作出多边形 $ABCDEFGHIJKLMNP$.

选择多边形，单击"放大"，可以增加它的边界宽度，通过"画笔"设置一种颜色．

通过拖动多边形的顶点，使得它的形状成为你所熟悉的一种图案．如图 21-8 所示，可以将它的形状拖动成像牛头一样，我们暂且将它称之为牛头图案吧．

依次选择点 A、B、C、D、E、F、G、H、I、J、K、L、M、N、P，单击"作图"菜单中"点"子菜单下的"多边形边界上的点"命令，就可以作出多边形 $ABCDEFGHIJKLMNP$ 边界上的点 Q.

单击"画笔"，在牛头图案外任意画一点 R；连接 RQ；在 RQ 上任意取一点 S. 结果如图 21-9 所示．

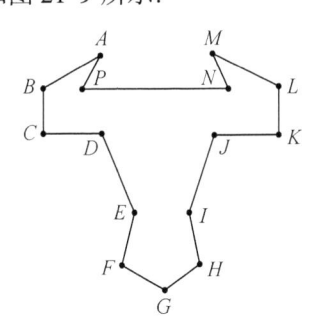

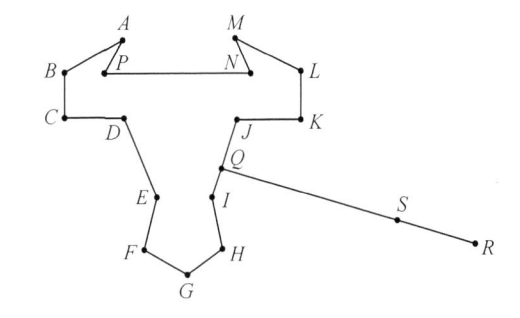

图 21-8　牛头图案　　　　　图 21-9　点 S 是线段 RQ 上的任意点

单击"选择",依次选择点 R 和点 S,单击"长度",测量线段 RS 的长度;类似地,测量线段 RQ 的长度.

单击"计算"命令,在弹出的测量表达式对话框中测量线段 RS 与线段 RQ 的长度之比.

选择点 Q,单击"动画",在弹出的属性对话框将"运动的频率"修改为:1000,使它能够运动得慢一些;单击"确定"按钮完成.

选择点 S,单击"跟踪",增加点 S 的跟踪.

单击"动画:点 Q 运动"按钮,结果如图 21-10 所示,跟踪点 S 得到了一个小的牛头图案. 可以发现当点 Q 在多边形方的边界上运动的过程中,线段 RS 与线段 RQ 的长度之比始终不变.

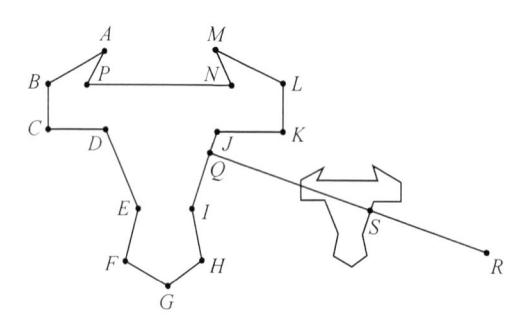

图 21-10　大牛头图案与小牛头图案

当然,你也可以拖动点 S 在直线 QR 上的位置,然后通过单击动画按钮得到不用的牛头图案.

(2) 在图 21-1 中,只需要作直线 AA′、直线 BB′、直线 CC′,然后看三条直线是否交于一点,就可以判断这两个图形是否为位似图形,同时知道能否将三角形 ABC 通过放缩变换而得到三角形 A′B′C′. 请你连接试试看,并叙述你的发现和结论.

第二十二章 位置无关构造异

在很多时候，两个图形是相似图形，但不具有位似关系，如图 22-1、图 22-2 所示，这样我们就不能通过放缩变换通过一个图形得到另一个图形.

图 22-1 两只背对背的公鸡   图 22-2 两个正方形

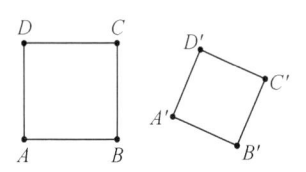

那么，在这种不具有位似关系的情况下，如何画一个与某一个图形具有相似关系的图形呢？如图 22-3 所示，已知三角形 ABC 和线段 DE. 已经知道一条边 DE，如何绘制一个三角形 DEF？使得它与三角形 ABC 相似，其中点 D、点 E 分别与点 A、点 B 对应.

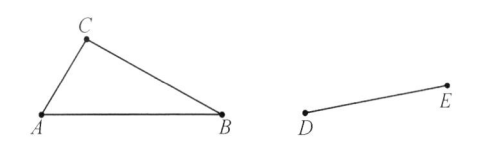

图 22-3 三角形 ABC 和线段 DE

因为点 D 和点 E 已经存在，因此绘制三角形 DEF，关键在于构造与点 C 对应的点 F.

点 F 与点 A、点 B、点 C、点 D 以及点 E 之间有什么关系呢？如何由这些点确定点 F 的位置呢？

我们知道 $\angle EDF$ 等于 $\angle BAC$，所以点 F 在以点 D 为顶点、与射线 DE 的夹角等于 $\angle BAC$ 的射线上；另一方面根据相似图形的性质有：$DF/DE = AC/AB$，得：$DF = DE \times AC/AB$，所以，点 F 还在以点 D 为中心、半径为 $DE \times AC/AB$ 的圆周上. 因此，圆与射线的交点即为所求的点 F. 操作如下：

启动超级画板；单击"画笔"，作出如图 22-3 所示三角形 ABC 和线段 DE.

单击"选择"，选择点 D，将点 D 指定为旋转中心.

依次选择点 C、点 A 和点 B，单击"指定旋转角或放缩倍数参数"命令，将 $\angle CAB$ 的大小指定为旋转角度数.

选择线段 DE，单击"旋转"，结果如图 22-4 所示，得到一个与 $\angle CAB$ 大小相等的角.

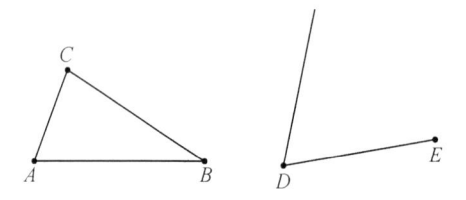

图 22-4 作出与 ∠CAB 大小相等的角

同时测量线段 AB、DE 和 AC，单击"长度"，得到三个线段的长度测量值，计算机分别用 m001、m002、m003 记录了它们的测量结果.

单击"计算"命令，在弹出的测量表达式对话框中，通过输入 m003×m002/m001 测量 AC×DE/AB 的值，计算机用变量 m004 记录了 m003×m002/m001 的测量结果.

选择点 D，单击"半径圆"命令，在弹出的用户输入对话框中输入：m004，单击"确定"，结果如图 22-5 所示，作出以点 D 为圆心、半径大小等于 AC×DE/AB 的圆.

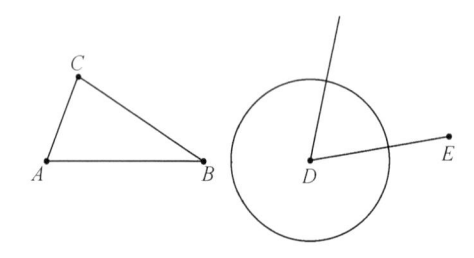

图 22-5 以点 D 为圆心作出半径为 AC×DE/AB 的圆

作出圆和射线的交点 F，即为所求，然后将圆和射线隐藏，同时连接线段 DF 和 EF，结果如图 22-6 所示.

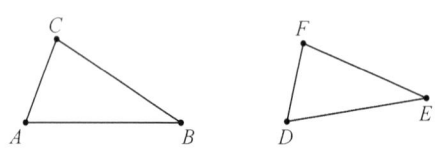

图 22-6 与三角形 ABC 相似的三角形 DEF

当然，点 F 也可能在直线 DE 的下方，如图 22-7 所示，那么只需要作点 F 关于直线 DE 的对称点，就可以得到另一个满足要求的三角形 DEF′.

也就是说，将射线 DE 绕点 D 向上旋转与 ∠CAB 大小相等的角就得到了点 F，向下旋转与 ∠CAB 大小相等的角就得到了点 F′，当然它们都在以点 D 为圆心、半径等于 AC×DE/AB 的圆周上.

可见，满足条件点 F 和点 F′ 是确定的. 那么这两个三角形 DEF 和 DEF′ 与三角形 ABC 是否真的相似呢？我们可以通过对三角形 DEF 与三角形 ABC 进行测量而验证.

图 22-7 另一个满足要求的三角形 DEF′

根据作图的过程我们知道：∠CAB = ∠EDF，并且 AC/

$DF = AB/DE$. 下面我们验证另外一组对应边和另外两组对应角.

同时选择线段 BC 和 EF，单击"长度"命令，得到它们的长度测量值，计算机分别用 m005、m006 记录了它们的测量结果.

单击"计算"命令，打开测量表达式对话框，如图 22-8 所示，通过输入 m001/m002 计算 AB/DE 的值，通过输入 m005/m006 计算 BC/EF 的值.

图 22-8 计算对应边的比值

然后再测量 $\angle ABC$ 与 $\angle DEF$ 的大小，结果如图 22-9 所示，$\angle ABC = \angle DEF$ 以及 $BC/EF = AB/DE$. 又因为 $\angle BAC = \angle EDF$，所以 $\angle ACB = \angle DFE$.

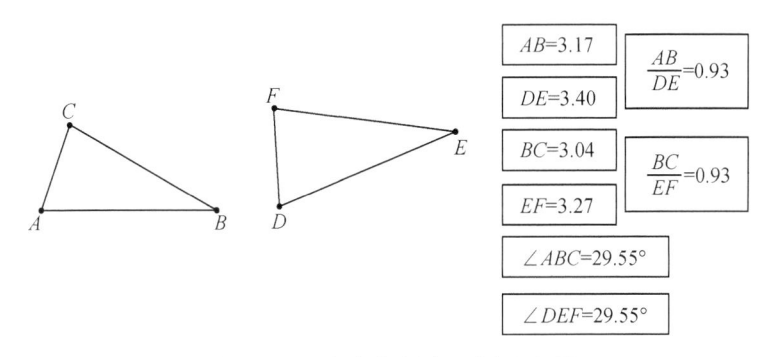

图 22-9 对应边成比例、对应角相等

果然，三角形 ABC 与三角形 DEF 是相似三角形！

由此，我们得到一个判断两个三角形相似的方法：

如果两个三角形的两组对应边的比相等，并且对应的夹角相等，那么这两个三角形相似.

若要将这个方法当作可以被直接使用的结论和判定定理，则需要从数学上进行推导和证明，这项工作请你自己动手完成吧.

思考与练习

（1）在超级画板中有一个命令是"点绕点的旋转放缩点"，也就是说将点 E 绕点 D

同时旋转和放缩就可以得到点 F. 若需要得到与三角形 ABC 相似的三角形 DEF，那么需要旋转的角度应该是多少呢？需要放缩的比例又是多大呢？请你写出详细的操作步骤. 需要注意的是，在这个命令所对应的用户输入对话框中旋转角的单位是角度，而我们测量角的结果以弧度表示，所以需要将弧度通过乘以 180 再除以 pi 变换成为角度.

（2）已知三角形 ABC 和线段 DE，还可以通过以下方法与步骤构造点 F：

分别测量线段 AB、BC、CA 和 DE 的长度.

由 AB/DE = BC/EF 得：EF = DE × BC/AB；由 AB/DE = CA/FD 得：FD = DE × CA/AB.

以点 D 为圆心作半径为 DE × BC/AB 的圆；以点 E 为圆心作半径为 DE × CA/AB 的圆.

那么两个圆的交点之后两个 F、F′，如图 22-10 所示，那么点三角形 DEF 或三角形 DEF′ 与三角形 ABC 是否相似呢？请分别测量∠BAC、∠ABC、∠EDF、∠DEF 的值，看对应角是否相等.

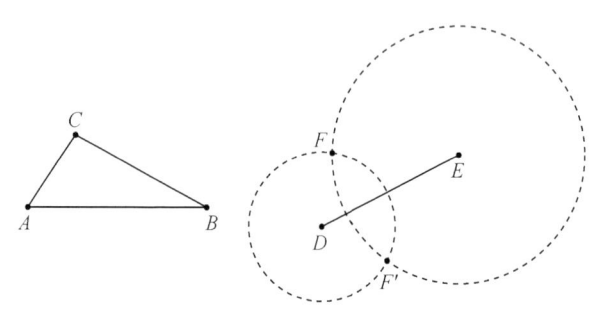

图 22-10 满足条件的两个点 F、F′

由作图过程知：AB/DE = BC/EF = CA/FE，即三组对应边的比相等. 若三角形 ABC 与三角形 DEF 或 DEF′ 相似的结论成立，那么我们就又得到了另一个判断两个三角形相似的方法：

如果两个三角形的三组对应边之比相等，那么这两个三角形相似.

（3）已知三角形 ABC 和线段 DE，还可以通过第三种方法构造点 F：

依次选择点 B、点 A 和点 C，得到∠BAC 的测量值；依次选择点 A、点 B 和点 C，得到∠CBA 的测量值. 计算机分别用变量 m000、m001 记录它们的测量结果.

将点 D 标注为旋转中心，将 m000 标注为旋转角，将线段 DE 旋转；将点 E 标注为旋转中心，将 −m001 标注为旋转角，将线段 DE 旋转，结果如图 22-11 所示，两条直线的交点 F 即为所求.

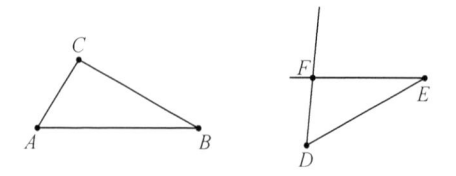

图 22-11 点 F 为两条旋转得到的直线的交点

根据作图过程知∠BAC = ∠EDF、∠CBA = ∠FED，根据三角形内角为180°的性质知道∠BCA = ∠EFD.

请你分别测量三角形的六条边的长度，并计算对应边的比值，观察对应边的比是否相等．若三组对应边的比相等，则三角形 ABC 与三角形 DEF 或 DEF' 相似的结论就成立，那么我们就又得到了第三个判断两个三角形相似的方法：

如果一个三角形的两个角与另外一个三角形的两个角对应相等，那么这两个三角形相似.

第二十三章 多少才能填充满

打开文件"23-铺满更大的三角形.zjz",如图 23-1 所示,三角形 ABC 与三角形 DEF 相似,并且它们的对应边之比为 1∶3. 你认为需要多少个三角形 ABC 才能将三角形 DEF 无空隙无重叠地填满?

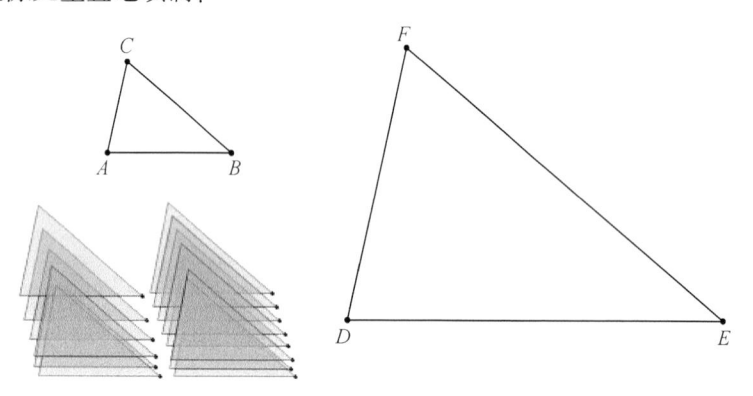

图 23-1 对应边的长度之比为 1∶3 的两个相似三角形

左下方的一堆三角形是与三角形 ABC 形状和大小都完全相同的三角形. 拖动多边形的内部可以将它们平移;拖动多边形右下方的顶点可以任意旋转,双击多边形的内部也可以使得它绕顶点按照逆时针方向旋转 45°.

请你动手试一试,看看需要多少个小的三角形才能将大的三角形 DEF 填满?

刚刚好将三角形 DEF 填充满时,所占用的小三角形的个数,就是三角形 DEF 与三角形 ABC 的面积之比.

在这里,你所得到的面积之比是多少呢?你认为,它与两个三角形的边长之比有什么关系?

首先数一数如图 23-2 所示边长分别为 2、3、4 的正方形分别有多少个边长为 1 的单位正方形所组成.

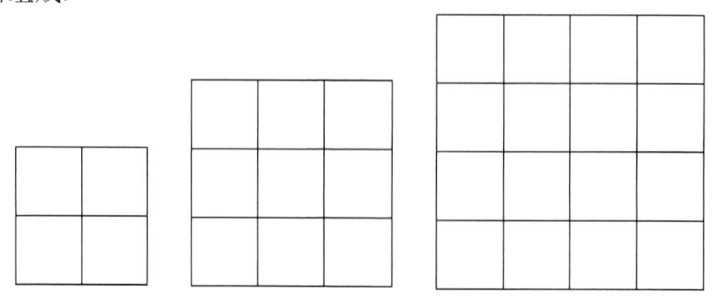

图 23-2 边长分别为 2、3、4 的正方形

容易知道，它们分别由 4 个、9 个、16 个边长为 1 的单位正方形所组成．而这些正方形与边长为 1 的小正方形的边长之比分别为 2∶1、3∶1、4∶1.

其次可以看出，对正方形来说，面积之比等于边长之比的平方．

对于其他性质的图形是否该结论仍然成立呢？请看看刚开始由小三角形铺满大三角形的结果，如图 23-3 可知，对于三角形来说，仍然有面积之比等于边长之比的平方这一结论成立．

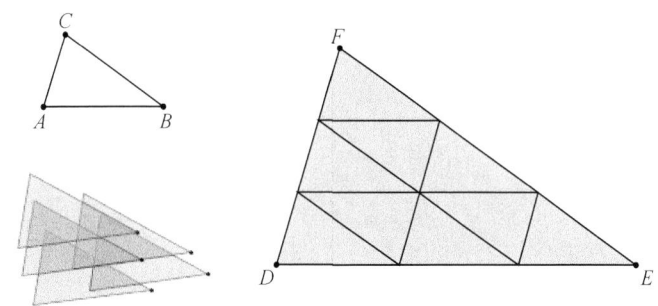

图 23-3　由小三角形铺满与它相似的大三角形

打开文件"23-相似三角形的高.zjz"，如图 23-4 所示，AD 和 $A'D'$ 分别是两个相似三角形 ABC 与三角形 $A'B'C'$ 底边上的高．

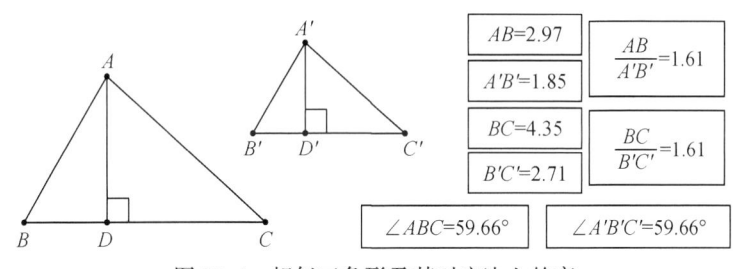

图 23-4　相似三角形及其对应边上的高

继续测量 AD、$A'D'$ 的长度，并计算它们之间的比值．

拖动点 B' 可以改变三角形 $A'B'C'$ 的大小，则线段 $A'D'$ 的长度也相应改变；或者可以拖动点 A 改变两个三角形的形状．可以观察到，无论三角形 $A'B'C'$ 的大小如何改变，或者无论它们的形状如何改变，两个三角形的对应高 AD 与 $A'D'$ 的比始终等于对应边的比，如图 23-5 所示．

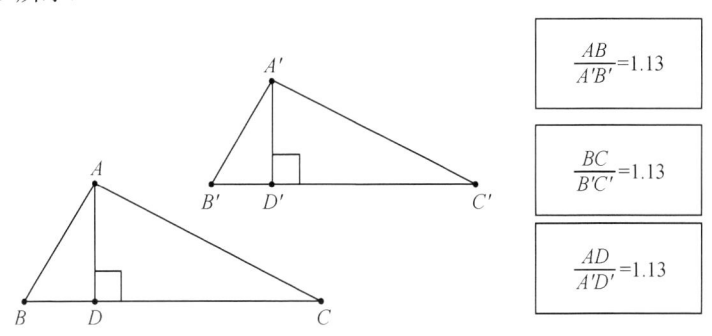

图 23-5　两个相似三角形对应边上的高之比等于三角形的相似比

其实要证明这个结论也并不困难．下面是简要的推理过程：

因为∠ABC = ∠A′B′C′，∠ADB = ∠A′D′B′．

所以三角形 ABD 与三角形 A′B′D′ 相似（第二十二章"思考与练习"部分得到的结论）．

所以 AD/A′D′ = AB/A′B′．

而三角形的面积等于底乘以高再除以 2，所以

$$\frac{S_{\triangle ABC}}{S_{\triangle A'B'C'}} = \frac{\frac{1}{2} \times BC \times AD}{\frac{1}{2} \times B'C' \times A'D'} = \frac{BC}{B'C'} \times \frac{AD}{A'D'} = \frac{BC}{B'C'} \times \frac{BC}{B'C'} = \left(\frac{BC}{B'C'}\right)^2.$$

因此，我们有：相似三角形的面积之比等于相似比的平方．

因为任意多边形的问题都可以通过将它们分割成若干个三角形的问题来考虑和解决，所以，对于任意相似多边形来说，都有：相似多边形的面积之比等于多边形之相似比的平方．

思考与练习

（1）两个相似三角形中，如图 23-6 所示，对应边上的中线之比与两个三角形的相似比之间有什么关系？请你通过测量、计算来验证你的猜想，并证明你所得到的结论．

（2）两个相似三角形中，如图 23-7 所示，对应角的角平分线之比与两个三角形的相似比之间有什么关系？请你通过测量、计算来验证你的猜想，并证明你所得到的结论．

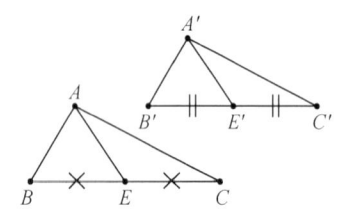

图 23-6　AE、A′E′分别为
对应边上的中线

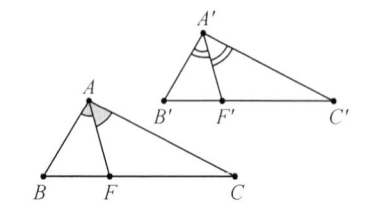

图 23-7　AF、A′F′分别为
对应角上的平分线

第二十四章 圆形压缩得椭圆

椭圆与圆有许多相似之处，也有很多不同的地方. 下面我们就利用学习过的放缩变换，研究椭圆与圆的内在联系与区别.

启动超级画板；单击"画笔"，画任意线段 AB 和它的中点 C.

右键单击点 C 并按住拖动到点 B 的位置后松开，作出以点 C 为圆心经过点 B 的圆，那么线段 AB 就是圆 C 的直径.

在圆 C 上任取一点 D，自点 D 作线段 AB 的垂足 E，在线段 DE 上任取一点 F，结果如图 24-1 所示.

测量线段 DE 的长度，测量点 F 与点 E 之间的距离，计算线段 FE 与 DE 的长度之比. 拖动点 D，观察线段 FE 与 DE 的长度之比的变化规律. 如图 24-2 所示，可以观察到，当点 D 在圆周上不同位置时，线段 FE 与 DE 的长度之比保持不变.

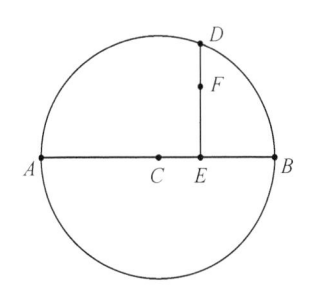

图 24-1 以线段 AB 为直径的圆

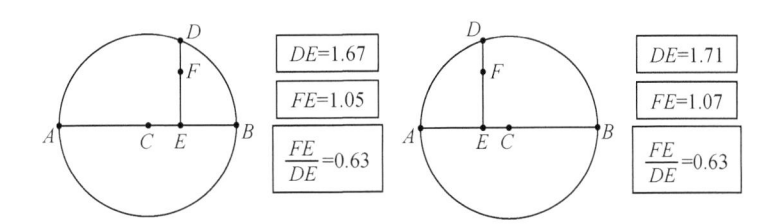

图 24-2 点 D 的位置改变而线段 FE 与 DE 的长度之比不变

那么我们可以将点 F 看成是点 D 以点 E 为中心放缩而得到的. 只不过这里的放缩中心 E 随着点 D 的位置改变而改变.

选择点 F，单击"跟踪"命令，增加点 F 的跟踪对象，在左边对象工作区中选择它，然后通过画笔颜色工具设置它的画线颜色.

选择点 D，单击"动画"命令，在弹出的对话框中将"运动的频率"修改为：300，单击"确定"按钮退出.

单击"动画：D 运动"按钮，如图 24-3 所示，点 F 所经过的路径是一个椭圆.

当线段 AB 处于水平状态的情况下，因为点 F 与点 D 总是在同一条竖直直线上（点 F 有时在点 D 的正下方，有时在点 D 的正上方），并且始终在圆的内部，因此我们可以将这个过程看成是将圆沿竖直方向压缩得到了椭圆.

在左边的对象工作区中隐藏点 F 的跟踪对象.

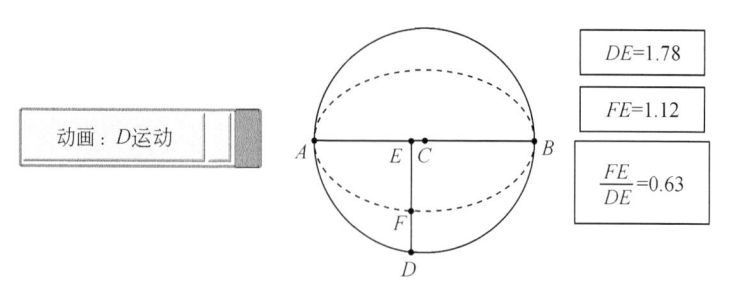

图 24-3 点 D 在圆上运动的过程中跟踪点 F 得到的路径是一个椭圆

依次选择点 D 和点 F，单击"轨迹"命令，在弹出的对话框中单击"确定"按钮，就可以得到点 F 的轨迹曲线；选择点 F 的轨迹，通过画线颜色工具将它设置成为红色. 如图 24-4 所示，当点 F 在线段 DE 上不同位置时会得到不同形状的椭圆.

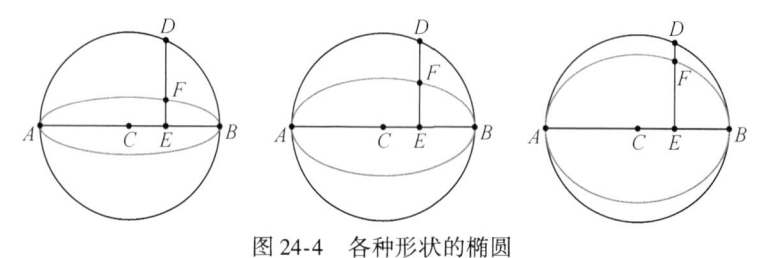

图 24-4 各种形状的椭圆

当点 F 在圆外时，如图 24-5 所示，就是将圆在竖直方向上拉伸之后得到了椭圆.

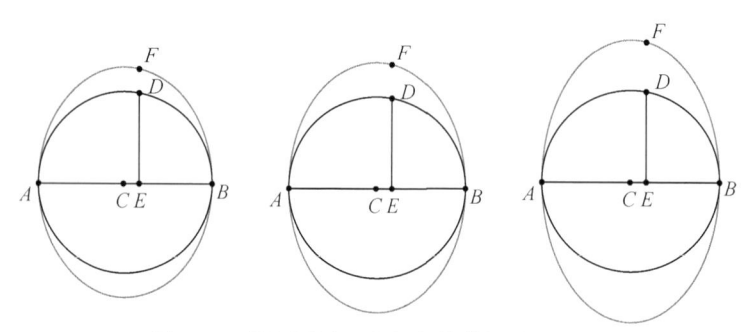

图 24-5 将圆沿着竖直方向拉伸得到的椭圆

拖动点 B 使得线段 AB 处于竖直水平，如图 24-6 所示，这时得到的椭圆就是将圆在水平方向上压缩或者拉伸之后而得到的.

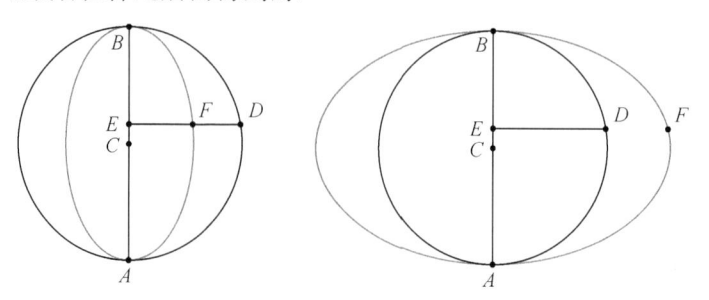

图 24-6 将圆沿着水平方向压缩或拉伸得到的椭圆

拖动点 B 使得线段 AB 的方向处于一般位置，如图 24-7 所示，这时得到的椭圆就是将圆在垂直于 AB 的方向上压缩或者拉伸之后而得到的.

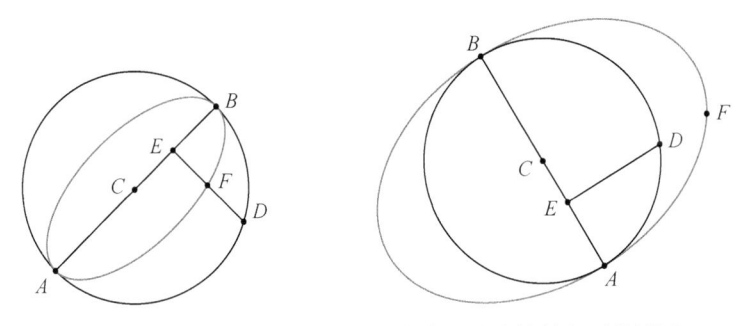

图 24-7　将圆沿着垂直于 AB 的方向压缩或拉伸得到的椭圆

因此，我们可以把椭圆看成是被压扁或拉伸的圆，也可以将圆看成是特殊的椭圆.

我们知道圆周上任何一点到圆心的距离都相等，椭圆是否具有类似的性质呢？圆在工业生产、日常生活中有非常重要而且广泛的应用，椭圆又有哪些重要的应用呢？这需要我们今后学习更多椭圆的知识，对椭圆进行更多的研究.

思考与练习

（1）如图 24-8 所示，利用一个平面去切割一个圆柱，可能得到什么形状的截面？请你自己动手做一做这个实验，并观察一下. 从中能够帮助你理解圆形与椭圆之间的关系吗？

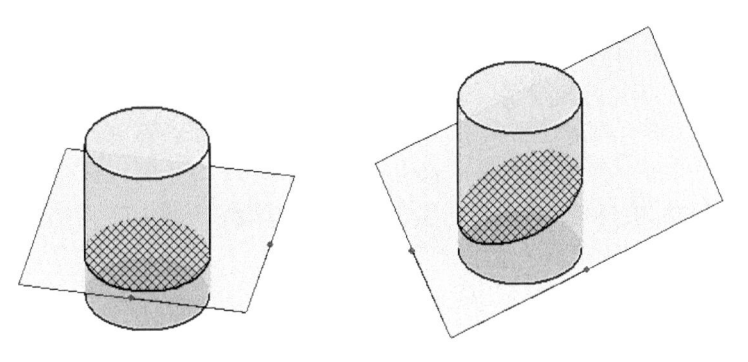

图 24-8　利用平面去截取一个圆柱得到的截面

（2）当早上或者傍晚，将一个圆盘竖立放在地面上，那么这个圆盘的影子是一个椭圆吗？当圆盘不是竖直地放在地面上，而是与地面有一定的倾斜度的情况下，这个圆盘的影子还是椭圆吗？想一想，如何检验你的猜想.

第二十五章 几何变换代数析

几何、代数是一家.

笛卡儿（Descartes）建立了解析几何，意味着几何与代数正式巧妙地结合在一起了. 从此开始了数学的一次根本性变革，这是数与形的统一，这是数学发展的转折.

如图 25-1 所示，点 A 在第 3 行、第 2 列，我们知道点 A 的位置就可以表示为（3，2）. 那么（3，2）就叫做点 A 的坐标. 在坐标中有两个数值，用逗号分开，逗号前的数值叫做点的行数，即横坐标，在坐标系中也叫做 x 坐标；逗号后的数值叫做点的列数，即纵坐标，在坐标系中也叫做 y 坐标.

打开文件"25-点 A 及其坐标.zjz"，如图 25-2 所示，拖动点 A 可改变它的位置，请你说出点 A 对应的坐标.

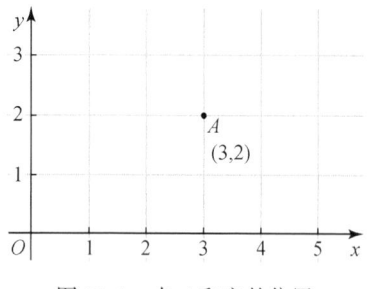

图 25-1　点 A 和它的位置

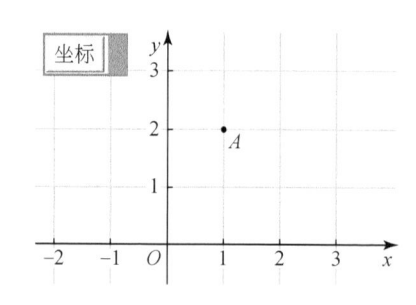

图 25-2　坐标系中的点 A

点 A 不但可以在原点 O 的右侧，它也可以在原点 O 的左侧，这时它的横坐标就为负数，如图 25-3 所示；同样道理，点 A 不但可以在原点 O 的上方，它也可以在原点 O 的下方，这时它的纵坐标就为负数，如图 25-4 所示.

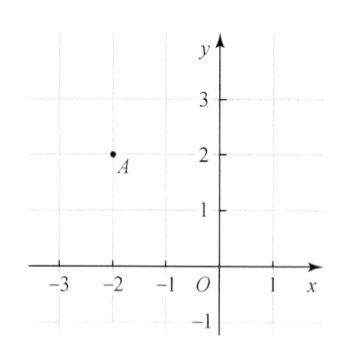

图 25-3　点 A 在原点左侧

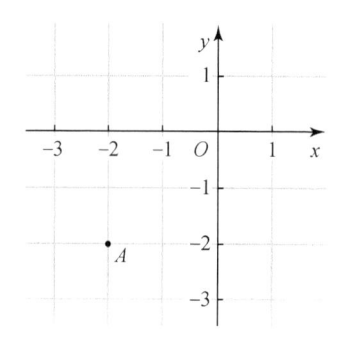

图 25-4　点 A 在原点下方

单击"坐标"按钮可以显示出它的坐标，对照这个文本检验你所说出的坐标是否正确.

下面我们就以平移变换为例,从代数的角度理解几何中的图形变换.

如图 25-5 所示,已知点 A 的坐标为 (2,2),若点 B 是将点 A 向右平移 2 个单位而得到的,点 C 是将点 A 向上平移 3 个单位而得到的. 请你直接读出点 B、点 C 的坐标,并猜想它们的坐标与点 A 的坐标之间的关系.

通过以上关系我们可以看出:点 B 的横坐标 4 等于点 A 的横坐标 2 加上 2,而它们的纵坐标相等;点 C 的纵坐标 5 等于点 A 的纵坐标 2 加上 3,而它们的横坐标相等. 这就是平移变换后两个点之间的坐标关系,即:

设点 A 的坐标为 (x, y),如果把它按照水平向右平移 m 个单位,得到点 B,那么点 B 的坐标可表示为 $(x+m, y)$;如果把它按照竖直向上平移 n 个单位,得到点 C,那么点 C 的坐标可表示为 $(x, y+n)$.

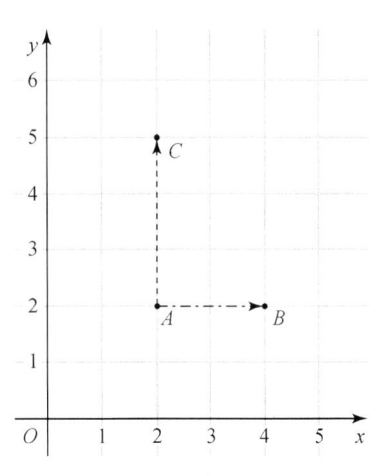

图 25-5 由点 A 平移得到点 B 和点 C

类似地有:

设点 A 的坐标为 (x, y),如果把它按照水平向左平移 m 个单位,得到点 B,那么点 B 的坐标可表示为 $(x-m, y)$;如果把它按照竖直向下平移 n 个单位,得到点 C,那么点 C 的坐标可表示为 $(x, y-n)$

打开文件"25-平移之后的坐标关系 1.zjz",点 A 可以被任意拖动,点 B 可以在水平方向上被拖动,点 C 可以在竖直方向上被拖动. 观察和检验线段 AB 的长度与点 A、点 B 的坐标之间的关系,以及观察和检验 AC 的长度与点 A、点 C 之间的关系. 如图 25-6、图 25-7 所示.

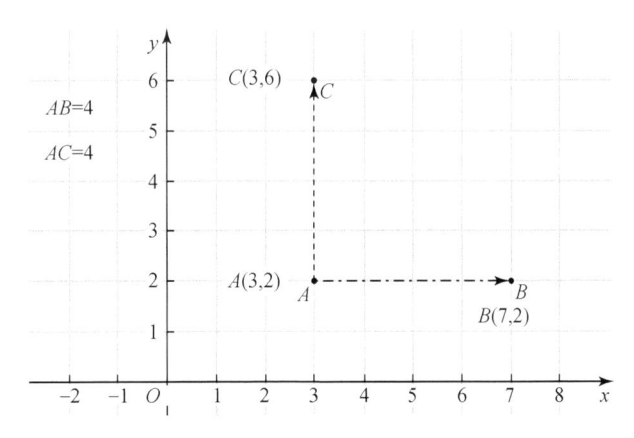

图 25-6 将点 A 分别向右和向上平移得到点 B 和点 C

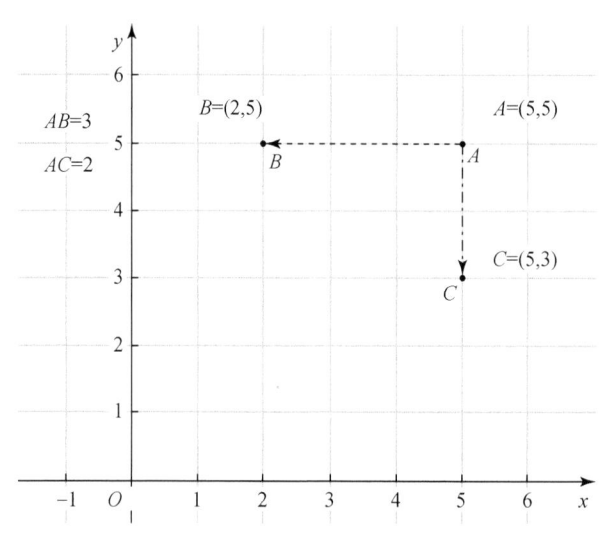

图 25-7 将点 A 分别向左和向下平移得到点 B 和点 C

实际上,当点 A 的坐标不是整数以及平移的长度不是整数时,上述情况仍然成立. 请你打开课件 "25-平移之后的坐标关系 2.zjz",通过拖动点 A、点 B 或点 C,进行观察、研究与检验.

如图 25-8 所示,若点 D 是经过点 A 平移得到的,但点 D 和点不在同一水平方向也不在同一竖直方向,那么如何利用点 A 的坐标表示点 D 的坐标呢?

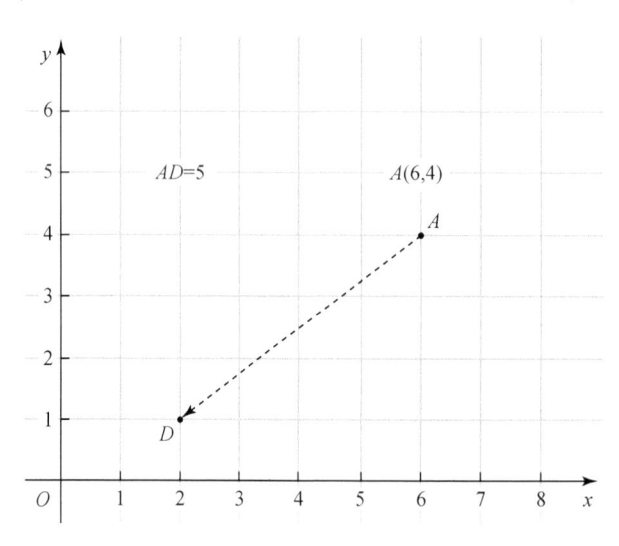

图 25-8 将点 A 平移 5 个单位后得到点 D

假如有一点 E,使得 AE 处于水平方向,而 DE 处于竖直方向. 那么点 A 平移到点 D 的过程可以认为是:点 A 首先按照水平方向平移到点 E 的位置,然后点 E 按照竖直方向平移到点 D 的位置,如图 25-9 所示,这时点 E 的坐标可表示为 (6−4, 4),即 (2, 4),从而点 D 的坐标可表示为 (2, 4−3),即 (2, 1);如果有一点 F,使得 AF 处于竖直方向，而 DF 处于水平方向，当然也可以认为是点 A 首先按照竖直方向平移到点 E 的位置，然后点 E 按照水平方向平移到点 D 的位置，如图 25-10 所示，这时点 E 的坐标可表示为 (6，4 – 3)，即 (6，1)，从而点 D 的坐标可表示为 (6 – 4，1)，即 (2，1)．

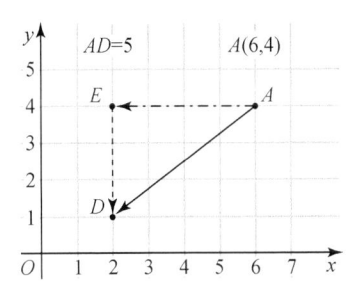

图 25-9　先向左平移再向下平移 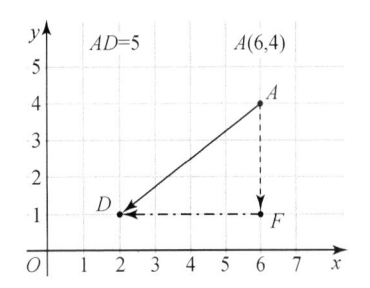　　　　图 25-10　先向下平移再向左平移

对于以上两种情况都有：点 D 的坐标为 (6 – 4，4 – 3)，即 (2，1)．

事实上，对于任何情况下，知道了平移的距离和方向之后，通过已知点的坐标都能求得平移之后的点的坐标．打开文件 "25-平移变换之后的坐标关系 3.zjz" 可以检验一般情况下上面得到的结论是否仍然成立．

我们知道，有些时候虽然平移的距离相等，但是平移的方向不同，那么平移之后的位置也不相同．所以，问题的关键是，若知道起始点的位置 A 和平移后的终点的位置 D，如何知道在水平方向和竖直方向上分别平移的距离？

当我们学习了直角三角形的有关知识之后，就会知道，水平方向的长度 DE 等于 $AD \times \cos\alpha$，竖直方向上的长度 AE 等于 $AD \times \sin\alpha$，其中 α 是水平向右的方向到有向线段 AD 的角度，如图 25-11、图 25-12 所示．

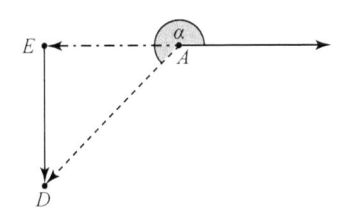

图 25-11　水平向右的方向到　　　　图 25-12　水平向右的方向
　　　　　平移方向的角　　　　　　　　　　　到平移方向的角

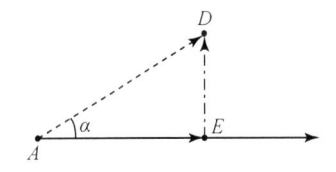

因此不难得到平移变换的坐标转换公式：

$$\begin{cases} x' = x + d \times \cos\alpha, \\ y' = y + d \times \sin\alpha, \end{cases}$$

其中原来的位置为 A (x，y)，平移了长度为 d 的距离后，得到点 A′ (x′，y′)，α 为 x 轴正方向到平移方向的角度．

思考与练习

(1) 打开文件 "25-关于直线对称的两个点 1.zjz"，如图 25-13 所示，点 P 和点 Q

关于直线 l 对称. 拖动点 P, 观察点 P 和点 Q 两点的坐标变化, 请记录你所发现的规律, 然后再拖动点 P 检验它们.

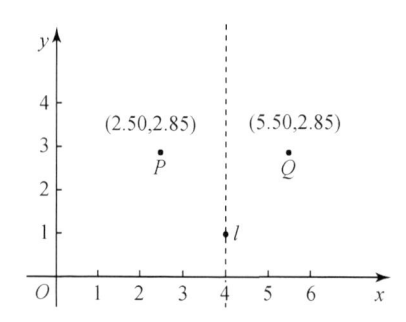

图 25-13 关于竖直直线对称的两个点

（2）向左或者向右拖动点 l, 你所得到的上述规律是否仍然成立？能否进一步整理和总结你所得到的规律？

（3）打开文件"25-关于直线对称的两个点 2.zjz", 如图 25-14 所示, 直线变为水平的, 点 P 和点 Q 关于直线 l 对称. 拖动点 P, 观察点 P 和点 Q 两点的坐标变化, 请记录你所发现的规律, 然后再拖动点 P 检验它们.

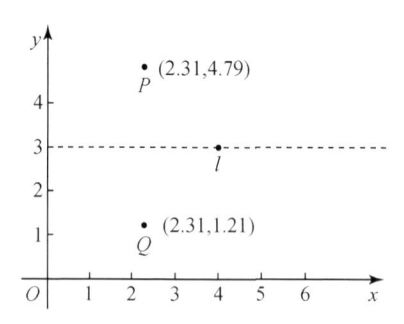

图 25-14 关于水平直线对称的两个点

第二十六章 还有挑战等着你

国庆节期间，大街小巷都会挂满国旗，如图 26-1 所示．你是否知道，国旗的形状与规格是由相关法规严格规定的：国旗上的五角星都是正五角星，五个正五角星的中心、大小相对于旗面所在的长方形有准确的位置，并且要求每一个小五角星都要有一个角指向大五角星的中心．

以"国旗尺寸比例"为关键词在网上搜索，就可以找到许多对国旗更加详细和完整的说明．仔细阅读和理解材料对五星红旗的详细说明，你能否利用我们所学习过的几种变换制作一幅国旗呢？下面就赶快让我们动手吧．

图 26-1 五星红旗

若将国旗分为四个相等的长方形，首先画出国旗的左上部分对应的长方形．

启动超级画板，鼠标双击 x 轴下方的附近位置，打开坐标系的属性对话框，如图 26-2 所示，选择"画坐标网格"选项，单击"确定"按钮完成．

图 26-2 显示坐标网格

单击"整数点"，直接单击鼠标作出坐标点 A（15，0）、B（15，10）、C（0，10）．

作出大五角星的中心对应的坐标点 D（5，5）和四个小五角星的中心对应的坐标点 E（10，8）、F（12，6）、G（12，3）、H（10，1），结果如图 26-3 所示．

作坐标点 I（5，8），作出以点 D 为圆心经过点 I 的圆．

依次选择点 I 和圆 D 作圆内接正五边形，然后通过正五边形作出对应的五角星，最后将五角星之外的其他对象隐藏，并将五角星移动到最后面，结果如图 26-4 所示．

93

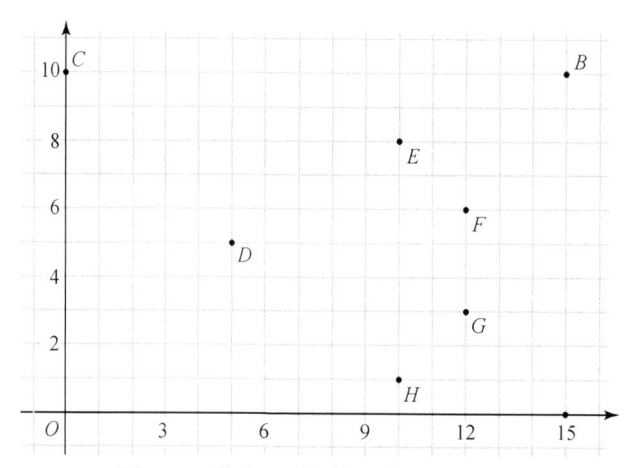

图 26-3 作出五星红旗五个星形的中心

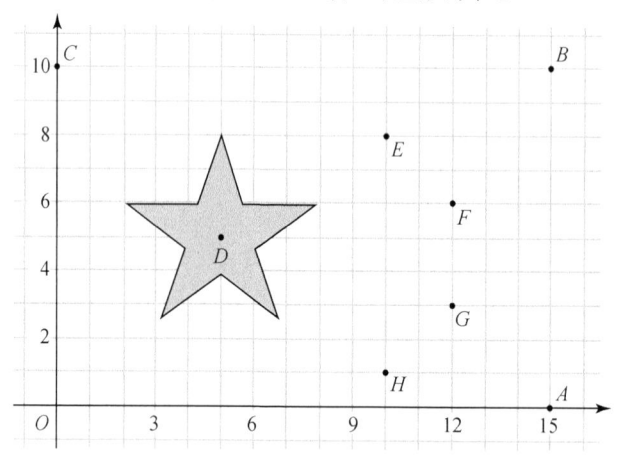

图 26-4 作出第一个大的五角星

以点 E 为圆心作出半径为 1 的圆.

为了操作上的方便，可以单击工具条上的"放大"命令，增加坐标系的单位长度.

连接 DE，并作出圆 E 和线段 DE 的交点 T，以 T 为其中的一个顶点作圆 E 的内接正五边形，如图 26-5 所示，然后通过该正五边形作出对应的五角星，并隐藏其他无关的图形.

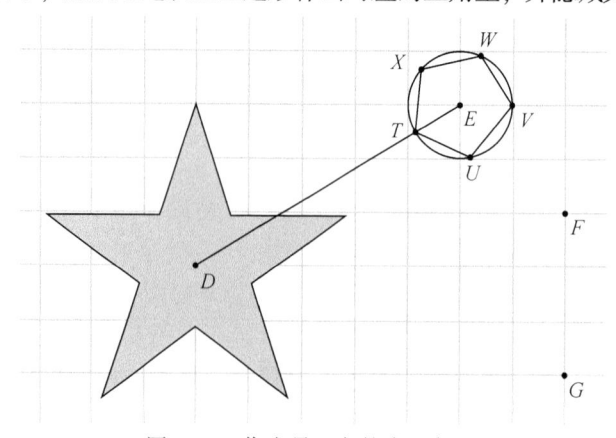

图 26-5 作出最上方的小五角星

重复上面的操作，分别作出以点 F、点 G 和点 H 为中心的五角星，使得每个小五角星都有一个角指向大五角星的中心，即每个小五角星中心与大五角星中心的连线经过该小五角星的一个尖角. 隐藏点 D、点 E、点 F、点 G 和点 H，如图 26-6 所示.

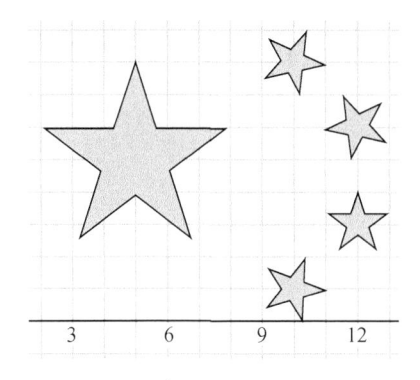

图 26-6　大五角星与小五角星

作点 $H_2(0,-10)$，并且将点 A 的坐标修改为 $(30,-10)$，将点 B 的坐标修改为 $(30,10)$；作出多边形 $ABCH_2$，并将内部填充为红色；隐藏五角星和多边形 $ABCH_2$ 的边界，并隐藏坐标系，同时将多边形 $ABCH_2$ 移动到最后，结果如图 26-7 所示，一个符合规格的五星红旗制作完毕了，最后可以隐藏点 A、B、C 和 H_2.

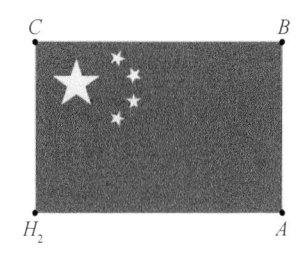

图 26-7　符合规格的五星红旗

思考与练习

（1）你认为能否利用平移变换和旋转变换，通过国旗上的大五角星得到四个小五角星？若能够，请给出设计思路并完成操作过程；若不能，请给出理由.

（2）你认为能否利用放缩变换，通过国旗上的大五角星得到四个小五角星？若能够，请给出设计思路并完成操作过程；若不能，请给出理由.